當代
價值投資

從選股策略到心智技術，
針對現代市場最完整的價值投資寶典

斯凡·卡林 著
Sven Carlin

吳書榆 譯

Modern Value Investing
25 Tools to Invest with a Margin of Safety in Today's Financial Environment

獻給我妻安娜（Ana）與我兒瓦爾（Val）。

特此感謝阿維亞德·丹尼利（Aviad Daniely），
　　與所有支持我的 YouTube 頻道的朋友們。

Contents

序　言　為當代量身打造的價值投資策略　　010

PART I｜想戰勝市場，先搞定投資心態

第一章　價值投資心理學　　015

晉升價值投資人的四大金律　　016

你有價值投資 DNA 嗎？　　021

心態，決定投資成敗　　026

第二章　當價值遇上非理性　　043

價格永遠是對的？　　044

逆向投資的威力　　047

最經得起考驗的賺錢之道　　052

瘋狂世界下的投資眾生相　　057

第三章　**風險的真義**　　　　061

其實，那不是風險　　　062

我們眼中的風險　　　069

第四章　**21 世紀價值投資**　　　079

葛拉漢投資哲學再進化　　　080

金融巨鱷的賺錢哲學　　　087

引爆混亂的訊號　　　097

企業自殺行動　　　100

渴望利益的華爾街　　　105

PART
II　**盤點價值投資者必備的
25 大工具**

第五章　**精通估值之道**　　　113

估值無法精準，但是……　　　114

工具 1：善用價值區間　　　115

評估價值的四大策略 118

工具 2：計算淨現值 119

工具 3：清算價值 127

工具 4：股票市場的價格 131

工具 5：公司可以賣多少錢？ 132

為資產的內在美打分數 134

工具 6：衡量內在價值 138

工具 7：已投資資本報酬率 140

工具 8：估算成長 148

工具 9：週期調整本益比 153

第六章　掌握安全邊際 **159**

用不到一塊錢，買一塊錢 160

工具 10：每股現金 165

工具 11：可長可久的股利 167

第七章　尋找護城河 **173**

「質化分析」是選股基本功 174

工具 12：判別護城河 175

工具 13：善用搜尋大神　　　　　　　　178

工具 14：判斷管理階層的素質　　　　　180

工具 15：是否有積極人士涉入？　　　　182

第八章　不要賠錢是王道　　　　　　185

工具 16：重點是買價　　　　　　　　　186

工具 17：判斷產業週期　　　　　　　　189

工具 18：分析衰退對投資的衝擊　　　　190

工具 19：尋找價值催化因子　　　　　　192

工具 20：避開夕陽產業　　　　　　　　193

工具 21：檢視重要內部人士的活動　　　194

工具 22：檢查股利與現金流　　　　　　195

工具 23：判斷市場氛圍　　　　　　　　196

工具 24：檢視資產的品質　　　　　　　198

第九章　成為超值股獵人　　　　　　201

工具 25：從垃圾中找黃金　　　　　　　202

不要做出蠢事　　　　　　　　　　　　223

PART III 價值投資工具 實戰範例

第十章 從實例學分析 227

買進價值股不求人 228

評估汽車巨頭的內在價值 229

掌握安全邊際，避免畢業出場 255

為循環做好準備 261

學會避開地雷股 263

多少可以進場？ 267

PART IV 多重策略，攻守兼備

第十一章 打造資產翻倍計畫 271

高手的法則 272

瞄準最佳的賣股時機 277

第十二章 投資兩大護法：避險和防護   285

6 大避險策略，黑天鵝亂舞也不怕   286

提升資產防護力，不怕多空洗禮   292

第十三章 避開價值陷阱   295

給左側價投者的十大教戰守則   296

投資最重要的事   304

第十四章 扭轉績效的理財超思考   305

投資世界不是只有價值投資   306

針對不同環境的全天候投資法   307

因時制宜的分散投資   314

面對不確定的世界   318

無懼崩跌「金」有力   323

結　語 每個人都應該投資的理由   329

為當代量身打造的價值投資策略

　　我的人生目標，是成為人們實現財務理想的推手。而要做到這一點，方法之一是教大家如何投資。我寫這本書，是希望協助讀者養成強韌的投資心態、擁有強大的技能組合，進而做出更好的投資決策，找到更棒的投資標的。

　　價值型投資的世界裡有著落差。葛拉漢於1949年出版了《智慧型股票投資人》（*The Intelligent Investor*）、之後持續更新版本直到1972年，而賽斯·卡拉曼（Seth Klarman）在1991年也出了《安全邊際》（*Margin of Safety*）。自葛拉漢推出他的經典以來，五十年過去了，距離卡拉曼出書也過了三十年，當代需要一本書來細數我們所處金融環境中的所有變化。

　　本書分四個部分。第一部分討論成功投資人應該具備的最重要心理特質，第二部分描述二十五種有助於投資的

分析工具，第三部分會將這些工具套用到範例上，第四部分則探討現代投資方法，供讀者更進一步思考，涵蓋範圍從全天候投資組合策略（all-weather portfolio）、雙曲折現（hyperbolic discounting），到其他你也許有興趣、或時機適當時可拿來用的方法。就算你一輩子可能只碰到幾次，這些方法仍值得學習。

希望你會喜歡這本書以及我的YouTube頻道上的影片，誠心感謝你的支持。

PART

I

想戰勝市場，
先搞定投資心態

價值投資心理學

Value Investing Psychology

他人恐懼時貪婪，他人貪婪時恐懼。

——葛拉漢

（這句話太重要，說幾次都不嫌多）

晉升價值投資人的四大金律

> 投資人擁有的最大一項優勢，就是懂得著眼未來。
>
> ——卡拉曼

討論投資策略時，最常被忽略的就是個人目標。投資是個人色彩極濃厚的一件事，我們這麼認真就是為了錢，可不是為了愛投資而投資。投資，到最後是為了滿足理應提升生活品質的個人目標。比方說，存夠錢以準備退休、財富自由、支付孩子的大學費用、環遊世界，以及只有你自己才知道的內心渴望。因此，在決定從事任何投資活動時，極為重要的是要先認識自己、你的投資目標，以及你會如何回應股票市場發生的好事壞事。而在應用價值型投資策略之前，你應要先了解以下這幾件事：

1. 如果你目前要靠投資來支應生活，那就不可能做出理性的投資決策：所有投資的短期波動性都極高。以歷史投資法（historical approach）聞名的美國避險基金經理人瑞·達利歐（Ray Dalio）再再提醒我們，在我們的投資生涯裡，每一種資產類別很可能至少會有一次，跌幅超過

七成。因此，應用價值型投資策略時，應該保持長期投資心態、且你不用靠著股市來維持當下的生活。如果你能過什麼樣的生活取決於股市如何變動，就無法做出理性的投資決策，也不能利用市場的不理性。然而，市場的不理性是價值型投資背後的主要因素。如果某種資產類別（例如股票）大跌，而跌價造成的折價對股票的價值來說，是來到合理的價格，就算市場暫時還會繼續下探，價值型投資人也會開始買進。然而，要抓到股市崩盤的谷底，是不可能的任務。假如你目前的生活方式由投資決定，你會擔心可能會跌到更低，就不會有勇氣買進市場此時常會浮現的極價廉物美標的。

為了說明投資時可能會出哪些錯，我們應該要知道的是，就算是巴菲特的波克夏海瑟威投資組合，在過去五十年都曾經兩度跌幅超過五成（1974年與2008年／2009年期間）。這種跌幅連巴菲特都免不了。所以說，如果你的投資組合大幅下挫，你就無法維持眼前的生活，那你真的不應該投資股市。最重要的是，在其他人都出於恐慌而拋售的期間，大量投資能帶來最高的報酬。因為只有在此時，才可以用低廉的價格買到價值。

2. 在極糟糕的熊市，你的投資績效可能落後：價值型投資和股市的現況並不相關。因此，價值型投資策略的績效偶爾可能會落後大盤，在非理性力量帶動市場上漲時尤其明顯。比如，1990年代就是這樣。當時很多人宣稱價值型投資已死，巴菲特也因為不願意投資網路公司遭人嘲弄。1999年，波克夏海瑟威的市值蒸發19％，標普500指數則上漲21％。網路泡沫破滅之後，大部分的投資人都虧損，但巴菲特毫髮無傷，長期報酬勝過大盤。在2000年、2001年和2002年，波克夏海瑟威的股票報酬率分別為26.6％、6.5％和－3.8％，而標普500指數2000年的報酬率為－9.1％、2001年為－11.1％、2002年為－22.1％。我還沒講到科技股的那斯達克指數跌幅，相比之下，標普500的跌幅可說是小巫見大巫。從1999年到2002年，在這段包含史上最嚴重熊市之一的期間內，如果你在1999年花100美元投資波克夏海瑟威，2002年能賺到104美元，拿同樣金額投資標普500指數，只剩75美元。所以說，堅守價值型投資不能讓你每年都贏，但是能確保你在這場投資馬拉松中，以讓人滿意的報酬率抵達終點。此外，與你承擔的風險相比之下，你一定能達成自己的財務目標。

價值型投資的績效無法勝出的情境之一，就發生在我寫作本書之時（2018年）。到此時為止，牛市已經持續了九年，這是因為全球各國央行一直挹注極高的流動性資金到金融市場裡，形成一股帶動力量。過去幾年股票普遍隨著市場水漲船高，價值型投資人討不到太多便宜。但是，價值型投資的重點，是要讓你在潮水退去之後，也不會只剩赤身裸體。成為價值型投資人，可以提供必要的保護，在下一次熊市回頭時，讓你的損失減到最低、並提高你的報酬。對了，熊市一定會來的。

　　3. **你必須成為反向操作者，在泡沫市場裡恐懼，在恐慌市場中自信**：要善用價值型投資機會，你必須要能獨立思考，不要屈服於群體的影響。多數投資人很容易被短期事件與消息左右，他們在經濟衰退時恐慌，卻又在經濟經歷強力下滑趨勢之後的成長與穩定期間，快速轉為興奮。由於無可避免的經濟衰退引發恐慌，驅使他們不顧價格執意出脫股票，提供大量很划算的投資標的，但經濟火熱時又堆疊出泡沫。不過，價值型投資人會利用這些機會，和群眾反其道而行。這樣一來，就可以壓低風險並拉高報酬。不管是哪一種投資人，這都是終極目標。

說這些是否壓得你喘不過氣來了？不用擔心，本書的重點就是要討論如何善用上述的市場情境，為你提供眾多長期可以壓低風險與拉高報酬的投資策略，並提出可供思考的素材，幫助你培養投資心態。

4. **價值型投資多數時候都很無趣：**價值型投資包含要做很多研究，要拒絕成千上萬不適合的投資機會。而且僅在滿足所有條件時才買進，然後靜待市場還你公道，讓你找出來遭到低估的投資標的，回復到該有的價值。市場最終總是會認同該有的價值，但很可能需要好幾年時間，我們之後也會討論如何縮短這段認同期間。然而，除了偶爾要再平衡投資組合之外，從短期來看，身為價值型投資人，沒有太多讓人興奮的時候。但長期就不一樣了，價值型投資能以最低的風險，創造出最高的報酬率，這一點就非常值得興奮。諾貝爾經濟學獎得主保羅‧薩繆爾森（Paul Samuelson）是這麼說的：

「投資應該要像看著油漆漸乾或綠草生長一樣。如果你想要找刺激，帶著800美元飛去賭城吧。」

薩繆爾森的話，掌握到了華爾街投資人與投機客間長期之爭的精髓。極為重要的是，在套用任何投資策略前，你要先知道自己是怎麼樣的人。畢竟，你無法長期違反自己的本性。如果你天生是價值型投資人，但卻想要做投機客，這會讓你在不對的時間點，做出錯誤的投資決策。反之，假如你打從心裡就是投機客，你不會有耐性在投資標的中找出適當的安全邊際，也不會靜待市場完全認同投資標的的價值。因此，重中之重是要了解自己，知道自己是投資人還是投機客。接下來，要繼續討論價值型投資心法，區分投資人與投資人的差異。

你有價值投資 DNA 嗎？

　　複利是這個世界的第八大奇蹟，懂的人賺走，不懂的人就要付出代價。　　　　　　　　　　　——愛因斯坦

　　如果你已經知道自己本質上是十足的價值型投資人，那就要仔仔細細地閱讀這一節。因為這一節會描述投機客的態度，並提出犀利洞見讓你更能洞察市場的動向。

投資人深信，長期的投資報酬率，和買進企業的根本獲利，以及你支付的相對買價之間的關係完全相關。投資人也具備必要的耐心，會等到投資標的來到正確的價格才買進，也有享受、或說靜待長期報酬出現的耐性。巴菲特常常提醒我們，投資時耐心有多重要：

「我偏好的持有期是永遠。」

　　另一方面，投機客對於股價在某段期間走勢如何、會漲會跌，已有定見，他們預期能從中獲利。他們認為基本面並不重要，著眼的是估計未來、或利用目前的股價動向趨勢。投機客的獲利可能極為豐厚，而且能持續獲利，但他必須是頂尖的交易者，要能占到沒有經驗的新手交易者便宜。但是，在量化避險基金與高頻交易這個競爭激烈的環境中，兼職型的投機客很難能成為最出色的那一個，因為大部分的人沒有資本、也沒有時間精通投機之道。2000年與2009年金融泡沫殷鑑未遠，請提醒你自己，在這之後，一般的投機客平均來說虧了多少？等到這本書問世，或許我們要換個講法，變成用央行泡沫破滅之後的局面來舉例了。

此外，區分投資標的和投機標的也很重要。投資標的會透過業務營運不斷創造出新價值，是能為持有者帶來獎賞的資產。你可以想一想公寓大樓帶來的租金收入、股票的股利，以及其他創造價值的形式。另一方面，投機標的資產的焦點不在於創造價值，著眼的是市場的認知，亦即價格。有一個清楚的投機範例，是股票市場的價外選擇權（out of the money option）[1]，畢竟它到期時可能全無價值。因此，股票可以既是投資標的、也是投機標的，端看買方的意圖。

總而言之，投機是負和賽局（negative sum game）。一般的投機客都會虧損，因為交易成本高，而且最出色的交易員和高頻交易避險基金拿走了大部分的利潤。反之，投資是正和賽局（positive sum game），因為股利和獲利會季復一季增添價值。對投資人來說，未來的價值不太可能小於目前的價值，長期來說尤其是這樣。

成功的價值型投資人有很多與眾不同的特質，我們會在整本書中詳加討論。以下先列出一些特質，你可以從這

1　價外選擇權是履約價高於市場價的買權（call option），或是履約價低於市場價的賣權（put option）。不管是哪一種，如果股價不動，選擇權到期時將毫無價值。

裡著手：

- 不情緒化，恐懼與貪婪是其他人的弱點，能創造出投資機會。
- 對自己的分析有信心，以理性回應市場動態。因此，如果價格下跌、但基本面不變，會買進更多股票。
- 在泡沫市場裡恐懼，在恐慌市場中自信。
- 能善用價格的變動與市場先生的脫序行為。
- 相信市場並無效率。無效率是價值型投資人能賺到過人報酬的因素。
- 不怕支付利得的稅金與交易成本，但會去考量不必要的手續費。
- 能清楚區分單純的股價波動與根本的業務情況。
- 能清楚區分投資標的之價值與價格。
- 相信股市會提供合宜的報酬，也放手讓這些報酬隨著時間複製。

另一方面，如果你比較偏向以下的特質，那價值型投資可能就不適合你：

- 你相信市場的效率性，同意市場價格永遠正確，裡面包含了所有可得的資訊。那麼，指數化投資是你的最佳選擇。
- 你以市場馬首是瞻。舉例來說，股價最近下跌，你沒有信心要不要買進，你比較偏好在股價上漲時買進，因為你不想錯過機會。
- 認為檢視基本面和根本獲利很浪費時間，因為價格中已經包含了所有資訊。
- 價格下跌時常會恐慌，然後出脫持股，而不是買進更多。
- 認為如果股價在下滑，代表公司的業務一定很糟糕。
- 跟隨群眾，在其他人貪婪時跟著貪婪，其他人恐懼時跟著恐懼。
- 少花、或根本不花時間分析投資機會。
- 認為股票市場是用來賺錢的，尤其要善用槓桿或選擇權等投資捷徑。
- 情況順利時，你可能會以非常樂觀的眼光來看世界，認為不會再有經濟衰退這種事了，而你持有的股票也會無限上漲。

- 認為股票是最佳投資，因為債券和儲蓄的收益很低。
- 尋找簡單的投資公式，將短期模式投射到未來。

且讓我們更深入探討，價值型投資人有哪些特質。

心態，決定投資成敗

> 你付出的是價格，你得到的是價值。
>
> ——巴菲特

我們要先來討論情緒穩定與合宜的基本面投資法，如何助價值型投資人一臂之力。相反的，激動、不耐、貪婪和恐懼，長期又是如何毀了投機客的財富。

「冷靜投資」的 3 個練習

我要在這裡招認，冷靜、不露情緒說來容易，做來困難。然而，帶領你分析出資產內在價值的價值型投資策略

可以幫上忙，讓你不會衝動地回應市場的變幻莫測。這裡有幾個步驟，能防止你泥足深陷，並給你必要的信心，讓你可以不管市場如何，都能堅守自己做的事。

#1 明辨內在價值與虛幻定價

身為價值型投資人，我們必須區分資產的固有（真實）價值與暫時性的市價。畢竟，市價有可能很極端，暴漲或暴跌。

有一個絕佳範例可以說明，金融市場對於實質資產的暫時性影響力。就讓我們來看看銅價的變動。銅這種金屬幾乎每個地方都用得到，隨著世界不斷發展，各地對銅的需求也不斷提高，轉向電力時代尤其明顯。然而，市場投機客買賣的銅量，常常超過全球倉儲能取得的數量，這怎麼可能？事實上，投機客通常以保證金交易、並使用衍生性商品，然後利用信貸和（期貨）契約，來槓桿操作紙上交易。這樣做，就算他們實際上沒有交易過一盎司的銅，但仍可以大幅影響短、中期的銅價。

此外，由於開發或擴大礦場需要多年時間，很難在短期間改變礦物的供給量。在2015年與2016年，多數礦場的營運要獲利，銅的門檻價至少為每公噸5,000美元。所

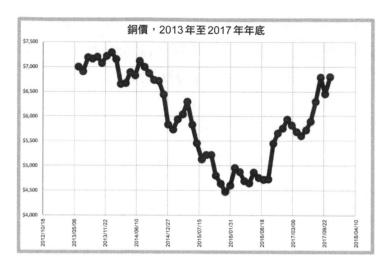

圖1-1　銅的價值很穩定，但其價格的波動性卻很高，這一點很
　　　　有意思

資料來源：倫敦金屬交易所（London Metal Exchange）。

以，在2015年和2016年這種年頭，銅價大跌顯然是暫時
性的，這種情況長期無以為繼。因為銅的實質供需平衡價
格，遠高於交易價。這為價值型投資人創造機會，在他人
認為價格很低且恐慌時，買進價值。無須多說，銅價低於
每公噸5,000美元一年多之後，2017年很快就回到了比較
正常的價格。

　　大部分的投資人看到某種資產的價格很低、而且還不
斷下跌時，會非常恐慌。但價值型投資人此時可以理性地

分析情境，在其他人恐慌出脫時，以折價買進相關股票。這應該要歸功於，價值型投資人具備大量投資標的知識，而且，合格的價值型投資人永遠都備妥可用作緩衝的流動資金。相較之下，知識這部分就單純多了。畢竟，你愈是理解某一項投資標的，風險就愈低、報酬就愈高。而這也是我要寫本書的理由：讓你學到最多和價值型投資相關的知識。在時間與經驗的協助之下，價值型投資人很容易就能分辨出哪些有憑有據、哪些是莫名其妙的市場恐慌。而留有流動資金作為緩衝，能讓你在別人拋售時有錢買入，而且可以冷靜自持。

#2 分批進場，不要一次就把子彈打光

一旦判定某檔股票的交易價格低於其內在價值，就是明顯的買入標的。但要怎麼買，還是有幾種不同的做法。價值型投資人從來不會一次就買滿所有部位。這是因為，就算一檔內在價值10美元的股票價格是5美元，看來很划算，但是由於各種不可測的市場變化，這檔股票的價格永遠有可能更低。因此，持有流動現金作為緩衝，能讓我們在股票價格再下探時買進更多，進一步提高投資報酬率。

我要以紐福森資源公司（Nevsun Resources）為例

（紐約證交所代碼：NSU）。紐福森資源公司是我2016年的持有部位之一，這是一家加拿大的礦業公司，其營運地點在很少人聽過的非洲國家——厄利垂亞（Eritrea）。2015年快到年底時，由於大宗商品價格下跌，市場避開所有礦業股，通常價格高於4美元的紐福森公司股票開始下跌，股價低於其帳面價值3.4美元。紐福森的情況很特別，在每股帳面價值3.4美元中，約有2.5美元是存在加拿大各銀行的現金，另有0.5美元是流動性很高的庫存黃金，而且這家公司沒有負債。這表示，在這種情況下，這家公司的清算價值至少就有每股3美元。而且，由於厄利垂亞的礦場每年都可以創造出約每股0.4美元的自由現金流，上漲的空間很大。如果以一般礦業公司的股價現金流比率（price to cash flow ratio）為12倍來說，算出來的紐福森公司價值應為每股4.8美元。再加上每股3美元的高流動性資產，紐福森股票的內在價值為7美元。（請注意，2016年之後，紐福森資源公司發生很多事，但那些都不是我在這個範例要講的重點。）

2015年8月，紐福森公司的股價為2.7美元，顯然很划算。如果我投資1萬美元買進，打算在股價來到公司帳面價值時出脫部位，我的投資績效會很出色，因為我在

圖1-2　階段式買進可以降低風險並提高報酬，因為市場永遠都
　　　　有可能更不理性

資料來源：紐約證交所（NYSE）。

2016年3月就可以用3.5美元賣掉股票了。算起來，投資
1萬美元會拿回1萬2,962美元，利潤是2,962美元，報酬
率為29.6%。（為了簡化之故，我在這裡不計股利。）

　　但價值型投資人應該永遠謹記一個假設，那就是股價
永遠都可能更低。據此，我會說，我會在價格來到2.7美
元時投資2,500美元，2.5美元時投資2,500美元，2.3美
元時投資2,500美元，2.1美元時投資2,500美元。

　　紐福森公司的股價在2015年12月時來到2.5美元，
2016年1月時來到2.3美元，在我打算投資的期間從沒有

來到2.1美元。截至2016年2月為止，我總共買進3,012股紐福森的股票，總成本為7,500美元。2016年3月，我可以在3.5美元賣掉這些股票，拿回1萬545美元，獲利為3,045美元，投資報酬率為40.6%，我投入的資本風險要低很多。以第一個投資組合來看，最大跌幅為15%，換成第二種投資組合，最大跌幅則僅有8%。

分次買入，通常可以用比較少的資本，創造比較高的報酬。這是一套壓低風險、並提高報酬的策略，因為你在比較低的價格可以買進更多股數。此外，有時候，股價下跌有其道理，但價值型投資人可能沒有察覺到。所以，不要一次就把所有部位買滿。這樣一來，就算根本的業務基本面突然有變，也可以限縮損失。

#3 保留銀彈，逢低布局

除了個別股票之外，整體投資組合裡也一定要有流動現金緩衝部位，在市場恐慌時尤其如此，因為此時整體市場說不定掉到很低的水準！以卡拉曼為例。他是全世界最成功的價值型避險基金 —— 包普斯特集團（Baupost Group）的經理人，也是《安全邊際》的作者（我就是因為受到《安全邊際》的啟發才寫了本書）。大家都知道，

如果他找不到低風險的划算標的（例如2000年的網路泡沫期間），投資組合裡的現金最高會達到50％。持有這麼大量的現金，讓他得以善用之後一定會出現的市場定價錯誤。畢竟，市場遲早會陷入某種非理性恐慌的模式。（請注意，彭博的資料顯示，2017年，卡拉曼的投資組合裡現金占42％。從1983年到2008年，他的年報酬率為20％。）

思考方式對了，錢就賺不完

重點不是只要有現金就好了，你還要有正確的心態才能做出正確投資選擇。然而，這通常和大多數人（亦即市場）的行動相反。

在泡沫市場裡恐懼，在恐慌市場中自信

歷史告訴我們，在93％的情況下，價值型投資會勝過成長型投資。[2]從邏輯上來說，指數型投資人的績效會

2　達特茅斯學院（Dartmouth College）塔克商學院（Tuck School of Business）肯尼斯‧法蘭區教授（Kenneth French）的資料顯示，自1926年以來，若以十年為一期來看報酬率，在這九十段期間，其中有八十四段是價值型投資勝過成長型投資。

相當於市場的績效減去手續費，而投機客的好成績很少能延續一個完整的市場週期。會出現這樣的結果，大致上是因為價值型投資人買進的是價值，並善用了市場的波動性。相反的，投機客通常會在高價時買進，因為他們需要市場呈現上漲走勢才浮現的買進信號。同樣的，投機客通常也在低點賣出，因為他們擔心股價可能進一步走低，或者因為追繳保證金通知、而被迫斷頭賣出。[3]比如，紐約證交所有統計投資人透過券商帳戶使用的總保證金債務。數據顯示，大部分投機客都大幅舉債、以最高度的槓桿買進股票。等到熊市一來，隨著保證金部位快速下降，他們不得已只能賣出這些股票。

然而，價值型投資人應該反向操作，股票便宜時買進，股票昂貴時賣出。這也正是投機客和價值型投資人都會盯著市場動向的原因。前者設法找出買進或賣出的信號，後者則利用市場先生的脫序行為。

善用躁鬱又不理性的市場先生

價值型投資人的核心信念，是金融市場通常很不理

---

3 當槓桿操作的投資人，其保證金因為股價下跌、而跌破最低門檻，券商就
   會自動結清其部位，讓正在下跌的股價壓力更大。

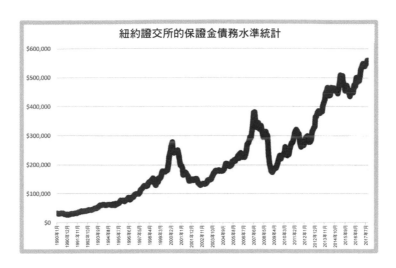

圖1-3　保證金債務總是在市場高峰期來到最高水準
資料來源：紐約證交所。

性。因此，價值型投資人能以划算的價格買進股票。等到
市場再度以公允價格評定這些股票、或是更樂觀看待時，
就賣出。所以平常就要做深入的分析，但僅在出現安全邊
際、容許價值型投資人出手時才做投資，在市場陷入混亂
時買進股票。我們可以說，價值型投資人樂見熊市，因為
熊市讓這類投資人有機會以超低價買進股票。不過，先讓
我們來討論市場先生何許人也，以及市場為何通常都不太
理性。

市場先生是葛拉漢創造出來的比喻，用來說明股市的運作。想像一下，你有一家企業，還有兩位合夥人，其中一位就叫市場先生。他有躁鬱症，鬱症發作時，每天都以很低的價格要你買下他的股權，等到躁症發作時他又亢奮，喊出天價。還好，你永遠都可以選擇拒絕他的喊價，因為你知道明天他又會喊出新的價格，而且可能更好。

我們很容易在市場裡看到非理性行為，在個股上尤其明顯。看看1997年到2019年的標普500指數圖，就可以看出短期的極度恐慌（通常還加上經濟衰退），如何干擾市場的上漲趨勢。在這段逾二十年的期間裡，市場的動向是上漲100%、下跌50%，然後又上漲100%、再下跌50%，漲幅超過220%，你怎麼能說這叫理性？還有，股市應該代表著實際的經濟活動，但事實上並沒有。實際的經濟活動不會出現這麼大幅的擺盪，長期也很容易預測。

就算經濟衰退期間，企業獲利嚴重崩跌、且破產事件層出不窮，導致股市看來很嚇人，但經濟衰退並不會持續這麼久。比方說，美國國家經濟研究院（National Bureau of Economic Research）指出，從1945年到2009年，美國經濟衰退平均只持續十一個月。

也因此，市場的行為顯然很不理性。這是因為多數投

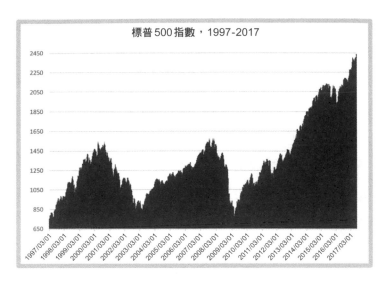

圖 1-4　標普 500 指數，1997-2017
資料來源：作者的數據。

資人（或者，比較好的說法是多數投機客）都害怕經濟衰
退時，股價會進一步下探，因此在恐慌心態下出脫。但他
們賣出股票強化了下跌趨勢，引發惡性循環。牛市也適用
同樣的原理，只是運作的方向相反。

　　經濟衰退是價值型投資人扭轉局面之時，因為多數人
總會在某個時間點看到股票價廉物美然後投資，貨幣政策
也會變得寬鬆，新的牛市通常就此出現。價值型投資人會
在市場谷底時從悲觀的人手上買進。等到股票稍微回檔，

再搭配漂亮的經濟數據，就會有愈來愈多人敢於投資。幾年後，大家就把熊市拋到腦後，再度漫不經心地投資股票，引發泡沫。金融市場裡的非理性持續出現，不斷從蓬勃熱切的期間（此時股票通常非常昂貴），進入非常恐慌的環境（此時看起來像是我們都知道的世界末日逼進了）。

在談到市場類股與個股時，要特別強調股市的週期循環。就算類股或個股的長期基本面沒有顯著變化，股價的波動性通常也極高。有一檔股票非常能說明這種狀況，那

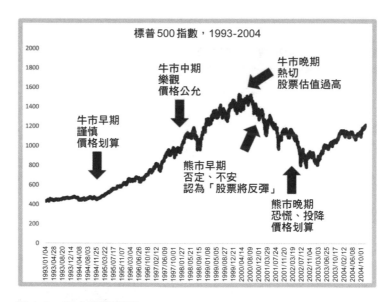

圖 1-5　股市週期循環
資料來源：作者的分析。

就是目前全世界市值最大的企業蘋果（那斯達克代碼：AAPL）。從2012年6月到2012年9月，由於市場預期iPhone 5和iPad的銷售成績將十分出色，蘋果公司的股價從80美元漲到100美元。後來的事實證明，iPhone的銷售成績「只」能算好，蘋果的營收當年「只」成長了9%。2003年，蘋果股價快速跌到55美元的低點。2014年，由於iWatch與iPhone 6的預期銷量看好，蘋果的股價又再度飆漲，2015年時來到高點130美元。後來的情況是，2015年蘋果的每股盈餘「只」有9.22美元，2016年4月時股價再度大跌到低於90美元。當時蘋果的本益比低於10倍，標普500指數的估值則為24倍。之後，新型iPhone 7和iPhones 8將讓人驚豔的相關傳言四起，不到十二個月，股價又快速漲到155美元。

在此同時，蘋果公司的獲利平穩，有忠實且穩定的客戶群，沒有醜聞或類似的問題，支付合宜的股利，每股約有2美元，每年大約買回價值350億美元的庫藏股。

市場先生很情緒化且不尊重基本面，這一點向來讓我倍感困擾。如果說基本面很重要，蘋果公司的股價波動性應該更小，並且穩定地隨著公司不斷成長的獲利、股利與買回庫藏股而上漲。但是，由於市場先生喜怒無常的特

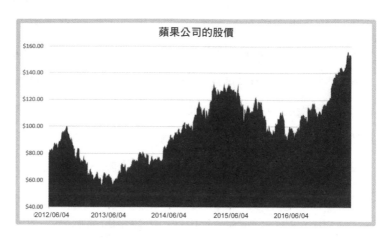

圖1-6　蘋果公司的股價
資料來源：作者的數據。

質，明智的價值型投資人通常有機會找到非常划算的絕佳
投資標的，在市場先生心情大好時，以高價出售這些便宜
買進的股票。

　　總而言之，以市場先生的故事來說，投資人應謹記以
下幾點：

- 市場情緒化、喜怒無常。有時熱烈快活，有時抑鬱
  消沉。
- 市場通常不理性。
- 你不一定馬上就要從市場買進，你可以等到價格跌

到你的買進區間時再買。

- 市場先生是來服務你的，不是來指導你的。
- 短期來說，市場是一種投票機制，長期來說，則是一種秤重機制（衡量獲利）。
- 市場會讓有耐性的投資人有機會買低賣高。
- 市場有時候有效率，但不是永遠如此。

人心，促使市場無效率

我希望，到目前為止，你已經認同「市場不是真的有效率」這個概念。然而，非常重要的是，我們要進一步深入探討股票與學術界的相關歷史，來說明兩種思考學派的演變。有趣的是，兩派的看法都能讓投資人賺錢，因為市場說到底是一場正和賽局。但是，價值投資人的績效比被動投資人好太多了。

第二章

當價值遇上非理性

Value and Behavioral Finance

投資人最重要的特質是性格,而不是智力。

——巴菲特

價格永遠是對的？

　　我替奉行極端效率市場理論的人取了一個名字：這些人是「神經錯亂的瘋子」。這套理論在智性上很一貫，能讓學者做出漂亮的數學公式。我很理解這對於數學天分很高的人極具吸引力。但我很難接受的是，理論的基本假設並未貼合現實。

── 查理・蒙格

　　效率市場的概念，是指低風險只能賺到低報酬，而要賺到高報酬就要承擔更高的風險。諾貝爾獎得主哈利・馬可維茲（Harry Markowitz）最早於1952年正式寫出這套理論，他也被稱為現代投資組合理論之父。

　　後來，芝加哥學派經濟學進一步發展出效率市場假說（efficient market hypothesis），另一位諾貝爾獎得主尤金・法馬（Eugene Fama）著力尤深。1970年，法馬於《財務金融期刊》（*Journal of Finance*）發表〈效率資本市場：理論與實證研究回顧〉（Efficient Capital Markets: A Review of Theory and Empirical Work）一文，為持續至今、將近半個世紀以來的不費心被動投資奠下基礎。效率

市場假說背後的主要概念是，證券的價格永遠是對的，因為市場會快速把所有新資訊計入價格中。因此，選股沒有意義，因為對照已知的風險和報酬，每一檔股票的定價都是正確的。

這套說法讓被動投資方案開枝散葉。在被動投資中，投資人只要以現價買進一籃子證券，其他就不用多想了，因為市場自會為投資人創造報酬。另一方面，很多機構投資人完全不做基本面分析，僅根據市值買進股票。因此，一家公司的市值愈高，他們買得愈多。

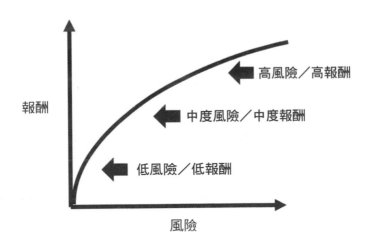

圖2-1　根據現代投資組合理論，畫出的風險與報酬組合
資料來源：作者的見解。

目前，還沒有什麼人理解被動投資工具大增，反而會造成自我打擊效應。畢竟，如果每個人都投資指數型基金，誰會為了新的資訊調整市場價格？如果只有一些人做基本面分析，這些人並不足以撼動股價。就算基本面、或是根本的業務出現變化，股價還是會根據之前的趨勢變動。

被動投資工具與效率市場假說的另一個問題是，納入單一指數裡的資產的基本流動性。只要一個指數裡能購買的股票夠多，效率市場的概念就行得通。但如果大部分的股票市場都掌握在指數基金手裡，那會怎麼樣？金礦股就已經出現這種問題，像范艾克黃金ETF基金（Van Eck gold ETF）便持有每一家金礦公司10％到20％的股票。這顯然指向，基本面將繼續流失其重要性，系統性市場風險正不斷提高。

流動性問題出現的第二個時機，是持有被動投資工具的人因恐慌而開始拋售。此時，一檔指數型基金或ETF會被迫出售其擁有的個別資產，以將資本返回給投資人、或是降低市場曝險度。熊市時，另一端不會有人承接交易，尤其每個人都知道ETF是被迫出售時更是如此。因此，我們可以預期，未來的股市跌幅，會比我們在過去二十年間看到的更大。

逆向投資的威力

> 聰明的投資人是現實主義者,把證券賣給樂觀的人,
> 並從悲觀的人手上買進。
>
> —— 葛拉漢

有一件事堪稱有趣,那就是贏得諾貝爾獎、同時也是效率市場熱潮背後的主要代言人——法馬,也隨著時間演變,承認價值型投資確實勝過成長型投資。這兩種證明市場根本沒有效率的市場異常現象,規模很大而且極具價值。法馬說,表現出色是因為承擔額外的風險。但是我們在後文會看到,價值型投資人以不同於學界的方式,來處理風險。1993年,法馬和法蘭區於《財務金融經濟學期刊》(*Journal of Financial Economics*)發表了〈股票與債券報酬中的共同風險因素〉(Common risk factors in the returns on stocks and bonds)一文。在這篇如今名聲響亮的論文中,就可以找到上述這些發現。所以說,市場並無效率,遵循價值投資策略與買進小型股(市值低於20億美元的股票),你可以輕鬆勝過大盤。

4.6%的報酬差異

　　法馬和法蘭區的研究蘊含極寶貴的數據，現在可以從網路上免費取得。我借用了這些資料，畫出圖2-2。圖中顯示，自1926年以來，持有十年的各種價值型與成長型投資組合的年報酬率差異。其中，價值型投資組合指所有可交易股票中，股價淨值比（price to book ratio）後30%的股票；成長型投資組合則是市場中股價淨值比前30%的股票，這是因為通常我們會用高股價淨值比來描述成長型股票。結果很驚人。

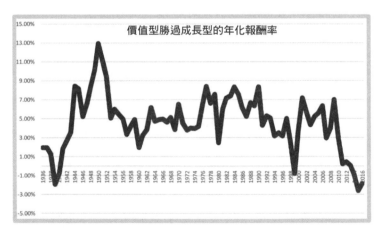

圖2-2　自1926年以來，價值型投資組合的平均年報酬率，勝過成長型投資組合4.6%

資料來源：法蘭區的數據。

平均來說，價值型市場投資組合在之後的十年裡，平均每年贏過成長型市場投資組合達4.6%。以過去九十年來說，成長型投資組合接下來十年的報酬率，僅有自1929年、1930年、1999年、2004年、2005年和2006年起算的六段期間內，勝過價值型投資組合。為了讓你理解每年4.6%是多大的差異，我要很快地來做一些計算。首先，市場的年平均成長率為8%，成長型投資組合的平均報酬率為5.7%，價值型投資組合的報酬率則為10.3%。所以說，投資10萬美元的本金，經過十年期間之後，差異值達9萬2,455美元，幾乎是原投資組合的100%（10萬美元以每年5.7%的複利計算，最後會增值為17萬4,080美元。如果以10.3%來計算，則為26萬6,535美元）。

用「無趣」的投資，安度經濟風暴

投資人多半遵循人類本性，想要找的是投資的捷徑、成長帶來的興奮，以及高額報酬的保證。從另一方面來說，價值型投資本質上很無趣，你要看的指標就只有股價淨值比。但通常，股價淨值比低的都是很無趣的公司，沒有太多讓人亢奮的成長前景，只有標的資產在帳面價值上

有安全邊際、再加上穩定的獲利。

不過，只要經濟循環呈上揚趨勢，成長型投資就能創造出漂亮的績效。問題是，一旦出現經濟衰退，成長停了下來，很多過去承諾創造出佳績的公司，倏然間發現自己再沒有機會獲得資金挹注，只好宣告破產。對照之下，價值型股票仰賴的永遠都是持有的資產，可以安度任何經濟風暴。長期來看，價值型股票風險比較低，這才是投資最重要的事，而不是承諾。

避開「夕陽陷阱」

除了股價淨值比之外，法馬和法蘭區別的都不看。然而，我堅信，如果投資人能避開未來顯然已經沒有價值的類股，不管是價值型投資的報酬，還是法馬與法蘭區所做的分析，結果都會更好。比如，波克夏海瑟威就是絕佳的範例。巴菲特在1960年代因為便宜，而買進一家紡織工廠（這就是波克夏海瑟威的前身），但到了1980年代，終究關閉所有的紡織業務。現在聽起來很好笑的是，波克夏海瑟威是巴菲特做過最糟糕的投資之一，因為他付出的資本遠高於最終的報酬。但還好，他透過波克夏海瑟威買進

的標的，讓局面大不相同。

所以說，我深信，如果你能想辦法避開淨值最後必然會減損的夕陽產業，在完整的景氣循環之後，就大有可能拉開價值型投資組合與成長型投資組合的報酬差異。你唯一要做的事，就是應用你的常識，買進實質具體的價值，就算經濟發生變動仍保有價值，甚至在通貨膨脹高漲之後還會升值。

說穿了，如果你比較相信近百年來，股票市場的數據價值高於最近的投資風潮，那你就是一位價值型投資人。另一方面，造成市場異常與扭曲效率市場假說的因素，本質上通常都和心理有關。而經濟學界有一個領域，研究的是人在投資與財務上如何不理性，叫做行為金融學。

人人都適用的投資策略

價值型投資很困難，因為這通常和最新的投資風潮相反，也和其他人的行動背道而馳。然而，就像諾貝爾獎得主法馬根據他的研究所說的，價值型投資長期下來能創造更高的報酬。尤其，如果結合安全邊際投資法，價值型投資能打敗所有投資策略。

最棒的是，每一個人都可以應用這套方法。畢竟，如果你找不到任何一項能滿足價值標準的投資標的，那就不要投資。一旦找到後，你就安心投資。因為有了安全邊際，資本虧損的風險可以降到最低。所以說，就算是散戶，也可以從這套策略中獲利。但你還是要記得一件事：這套策略大致上並不受主流投資圈青睞。

最經得起考驗的賺錢之道

不管是散戶還是機構投資人，他們經常展現出自己無能根據企業基本面做出長期投資決策。

——卡拉曼

我們之前提過，成長型投資讓人熱血澎湃，其快速致富的承諾很輕鬆就能吸引大多數的投資人。這對多數投資人來說是壞事，但對價值型投資人而言卻是好事。因為這創造出市場的無效率，讓價值型投資人得以利用。如果多數投資人都是價值型投資人，實務上就不可能找到划算的標的了。因此，價值型投資人大多數時候都要能安心做反

向操作者。但就算價值型投資長期能創造出極高的報酬，大部分的投資人還是偏好其他投資策略。

　　牛市期間，你會常聽到有人說價值型投資已死。這也是目前一般人對待價值型投資的態度。多數人都追著科技股和被動管理的指數基金跑。1990年代也是如此，當時人人都在追逐網路股。然而，我們都知道，這場冒險的結局是什麼。1980年代，華爾街的焦點是企業收購與槓桿收購，根本沒有去管估值。1960年代，號稱漂亮五十（Nifty Fifty）的股票，其股價淨值比很高。但因為那些公司過去的績效很好，再加上未來極具成長性，很多人都覺得是恰當的標的。1929年，一般人則相信股市已經來到高點，而且將長期維持在高原區。不管是這些還是其他情況，只要漲潮把所有的船隻一起帶高，就會有人宣稱價值型投資已死。一旦潮水退去，所有熱門的策略都船過水無痕。但價值型投資經歷了無數的歷史考驗，證明了自己可長可久。然而，你一定會經歷過一些艱困期間，眼睜睜看著你的鄰居或是姻親，賺得更亮眼的高報酬。因此，最好的應對方法，就是著眼於絕對報酬，而非相對報酬。

打得贏市場嗎？不是重點

多數投資人採取相對績效取向（基金經理人也跟著這麼做），把重點放在贏過市場。至於市場是虧是賺，並沒這麼重要。

但有一群投資人（價值型投資人）採取的是絕對績效導向。他們不在乎市場的表現如何，只關心自己的投資報酬、風險與目標之間的關係。

相對績效的另一個問題是，這是要花很長的時間，才能慢慢長成、但通常頃刻間破滅的自我實現預言。如果每一個人都只想著要在短期打敗市場，那麼，他們能想到的最好行動，就是跟隨市場、但做小幅調整，希望能藉此勝過市場。假設有一位基金經理人，他採行的策略是短期報酬可能低於市場、但保證長期報酬更高，且風險更低。然而，短期的績效不彰就會促使基金客戶抽資金，基金經理人也因此失業。所以，在華爾街，每個人都會去做別人也在做的事，因為這是這一行最安全的辦法。

但在某個時候，很多人會一下子明白，他追逐的相對績效其實很虛幻。於是，這座不費腦筋、經年累月堆起的紙牌屋就倒塌了。另一方面，價值型投資人會持有分散得

宜的投資組合，裡面的各個投資標的都有安全邊際，也適當地降低彼此之間的相關性。雖然短期可能績效不彰，但長期必定能有亮麗成績，在熊市期間尤其明顯。而熊市時的虧損愈小，長期來說，就愈能拉大成長型或風潮投資人與價值型投資人賺得的報酬差異。且讓我舉個例子做說明。

崩跌？價值投資就是一種風險管理

如果以4%的年成長率複利計算，價值10萬美元的投資組合，二十年下來將會增值成21萬650美元。與目前的美國政府公債殖利率、或是銀行存款利率相比之下，這是很出色的報酬。但有一件事大家都不願意去想，那就是股票的跌幅很可能達50％。如果像2000年與2008年那樣，發生經濟衰退、股市下跌50％，並假設是在這二十年期的第四年發生，而在衰退之後，標的投資報酬率開始以每年8％的速度成長。歷經二十年後，累積下來的金額也僅成長至17萬8,413美元。如果我們在這二十年中，再加上一次年度虧損25％，並假設發生在第十三年。那麼，就算從第五年開始，每年的年報酬率都有8％，累積金額也只有12萬3,898美元。

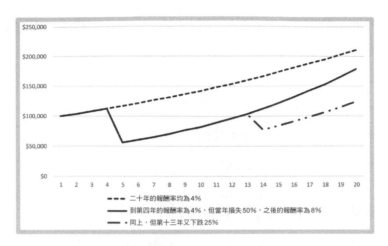

圖2-3　無下跌、一次下跌50％，與再一次下跌25％的投資組合
　　　 報酬比較

資料來源：作者的分析。

　　牛市時誰都不會想到會發生壞事，但市場一定有下跌
的時候。而避免在這些期間發生嚴重虧損，就是價值型投
資的重點。這麼做，價值型投資人長期就可以創造出絕佳
報酬。在這個過程中，還有一件事能幫助投資人更理解自
己與市場行為，並成為更好的投資人，那就是行為金融
學。

瘋狂世界下的投資眾生相

賭城日日繁忙，我們也因此知道人不見得全是理性
的。

——美國知名投資人查爾斯·艾利斯（Charles Ellis）

行為金融學是相對新穎的金融學領域，在心理學家康
納曼與特沃斯基1979年發表經典論文〈前景理論：風險
下的決策分析〉（Prospect Theory: An Analysis of Decision
under Risk）[1]之後，逐漸風行起來。在這篇論文中，他們
把心理學和金融學結合在一起，後來也凸顯出效率市場假
說的謬誤太明顯可見。

行為金融學的根本，是認為人在處理財務時不會理性
行事，但理性正是效率市場假說的根基。當然，行為金融
學有很多主題，不過上述的前景理論和規避損失最為知
名。

前景理論主張，人對利得和損失的價值不同。人會以
感受到的利得作為決策依據，而不是以感覺到的損失。

---

1 Daniel Kahneman and Amos Tversky, *Econometrica*, 47(2), pp. 263-291,
March 1979.

舉例來說，兩位投資顧問向投資人推銷同一檔基金。第一位顧問對投資人說，這檔基金過去三年的平均年報酬率為10％。第二位顧問則說，這檔基金過去十年的報酬率超越平均水準，但過去幾年有下滑。根據前景理論，多數投資人會向第一位顧問購入基金，因為就算兩人推銷的基金根本是同一檔，但第一位顧問沒有提到損失或下跌。

　　前景理論提供了很好的理由，解釋為何有很多人高價買進、在市場恐慌時低價賣出。因為他們將近期的狀況推估到未來。價格很高時，投資人也會對自己的買入很有信心，認為這是理性的觀點，殊不知股價愈高，未來的報酬愈低。相反的，股市走跌時，投資人再度將近期的下滑推估到未來，趕緊脫手以防損失擴大。

　　至於規避損失，心理學研究顯示，損失造成的傷害感，是同金額帶來快樂程度的兩倍。[2]人對於損失的痛恨程度，大過於賺錢時的享受程度。因此，規避損失會引發恐慌性拋售。而投資人會脫手，是因為擔心股市繼續下探，害他們的損失不斷擴大。然而，投資人最糟糕的舉動就是低價拋售。不過，一面倒的賣壓，通常也為價值型投

2　Kahneman, D. & Tversky, A. (1992). "Advances in prospect theory: Cumulative representation of uncertainty". *Journal of Risk and Uncertainty*. 5 (4): 297-323.

資人開拓出划算的標的。

　　市場異常的範例還有很多，但那些都不是本書要談的範圍。為了簡化，你只要看看身邊持有股票投資組合或其他投資的人就好。你可以問問自己，這些人真的有相關的知識和心態，能夠時時做出理性的財務金融決策、正確計算出風險與報酬嗎？

　　你得出的結論，很可能是你認識的人中，大部分都不具備做出理性投資決策的知識。但這些人全都在市場裡，不管是直接、還是透過投資基金持股，我們每一個人都在全球股票市場裡分得一小塊。由於多數人在做財務決策時都不理性，整個市場也可以因此定義成一個不理性的市場。

第 三 章

風險的真義

Defining Risk, the Value Investing Way

遺憾的是，系統愈複雜，失誤的空間愈大。

——金融巨鱷喬治・索羅斯（George Soros）

其實，那不是風險

大部分的人都關注上漲，很容易就看不到風險。

——卡拉曼

投資時，價值型投資人首先要思考的不是投資的預期報酬，而是風險。把重點放在盡量壓低風險，你才可以真的找到低風險、甚至零風險，且能提供絕佳正值報酬的標的。通常，壓低風險，就能拉高報酬。這和你在學校學到的可能很不一樣，但我們已經討論過市場並無效率，風險亦然。在更深入探討價值型投資之前，很重要的是要充分理解何謂風險。因為市場上講的風險其實並不是風險，那不過是波動性而已，而波動性是價值型投資人的好朋友。

99%人的風險定義，問題是……

99％的金融體制都把風險定義為：投資組合的實際報酬率，偏離預期報酬率的機率。以標準差來衡量風險時，標準差值高代表風險高，反之亦然。而標準差來自於，檢視股價過去的波動、並拿來和股市大盤的動向做比較。

比如，貝他係數和風險值是兩種常用的風險模型，都是以標準差為本。這兩個模型都以過去的數據來判定未來的風險，然後給你獲利和損失的機率。

然而，這些模型的問題是，你很輕鬆就可以操弄數據，讓資產看起來風險沒那麼大。且讓我以標普500指數為範例來說明。

如果我用2009年到2017年的標準差，來評估投資標普500指數的風險，得出的結果是投資此指數的風險極低，因為標準差很低。此外，這看來也是很好的投資機會。這段期間標普500指數只有上漲，回檔的幅度極小、

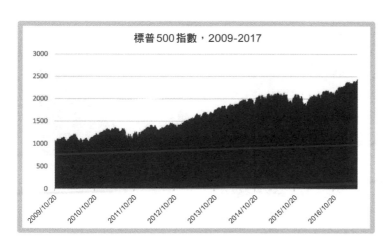

圖3-1　從2009年到2017年，標普500指數看來極穩定，風險極低
資料來源：作者的數據。

而且期間很短。這種簡化方法，體現了人們如何評估1990年代的網路股風險、以及經濟大衰退（Great Recession）前的次級房貸風險。畢竟，這些都是沒有前例可循的事件。

然而，如果以二十年的期間來檢視標普500指數，會看到夠多的前例，標準差也高得多。

從長期觀點來看，2017年投資標普500指數，潛在的損失超過70％。多數投資人喜歡看短期的風險分析，只有無趣的價值型投資人才看比較長期。但請記住，在過去

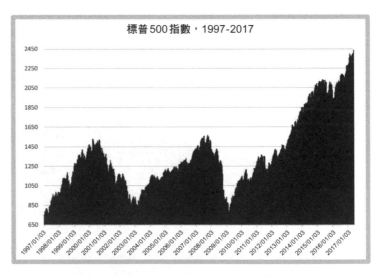

圖3-2　從1997年到2017年，標普500指數並不穩定
資料來源：作者的數據。

九十年來，價值型投資人有八十四年都打敗大盤。

上述事情，導引出另一個許多人可能都不太理解的風險概念。在金融界與學術界有個理所當然的概念：風險愈高、潛在報酬也愈高，反之亦然。但我發現這個概念完全錯了。這是因為，第一，我不會透過波動幅度（標準差）來衡量風險；第二，標準差模型指出風險最高的時候，事實上卻是風險**最低**時，因為股票到此時只會上漲，不會再跌了。事實上，決定報酬的從來不是風險，而是更簡單的事物：價格。

如果標普500指數從現在的水準下跌40％（我寫到這裡時標普500指數為2600點），多數市場參與者都會開始鬼哭神號，大喊著市場有多危險多危險，波動幅度與不確定性都大幅提高，拉高了標準差。然而，價值型投資人只會看到市場比之前更便宜了。由於股價的起點低、但企業的長期營運仍和以往相同，未來更高的報酬可期。此外，標普500指數水準比較低，表示潛在損失比較小，損失才叫風險。

這替我們導引出一個學術界與財金界主流都不用、但是極長期能勝過市場的人（巴菲特、蒙格、葛拉漢、卡拉曼、彼得‧林區等等）不時會提到的風險概念：價值型投

資人定義的風險，是長期資本虧損的機率。放在個人層面來說，最好的風險定義，是我們無法達成自身財務目標的機率。如果你無法達成財務目標，沒辦法順利在六十五歲時退休，你就不會去想你的投資波動性很低，所以報酬率很低。相反的，你會很急，檢視生活裡有沒有機會讓你多承擔一點風險，就算只賺到少許報酬都好。

所以說，最適合用來描述風險的說法，是你在某一項投資上可能會損失多少錢。定義就是這麼簡單。但是華爾街不會這麼用，因為每一項金融投資都可能會一下子跌掉70％以上。如果在華爾街工作的人這麼對客戶說，金融業的規模可能只有現在的1％。畢竟，假如把重點放在風險而非報酬，就不會有人去買投資工具了。

這才是風險指標

另一種很不同的風險管理方法，是檢視一家企業股票的長期績效，並將公司的長期獲利與現價、市場環境以及展望做比較，看看這家公司是否遭遇了結構性的阻力，長期資本虧損的風險又有多大。此外，詳細分析企業的各個面向以判定其內在價值，本來就是價值型投資的關鍵。而

且，以相對於內在價值的大幅折價（也就是安全邊際）買進股票，大有幫助。所以，價值型投資人才會把「支付的股價相對於買入的價值」當成風險指標。股票市場上個月或去年發生的事，和投資的風險並不相關。

且讓我們繼續以標普500指數當例子來說明。過去一年，能創造最高報酬率的人，是在市況最糟時投資的人，像2008年年底和2009年年初。當時，由於未來不明朗，再加上波動性很高，股票被視為風險最高的投資。但是，就因為估值很低，因此股票非常便宜。本書第二部會在多講一點估值、長期平均獲利、安全邊際、內在價值，以及風險的技術面。

下一次，當市場修正或熊市來臨，想一想你該如何面對股票。如果你願意在標普500指數高於2600點時買進，我想，到了1600點時你應該會更開心買入，因為又更便宜了，你投資的資金可以賺到更高報酬。然而，由於人們抱持的是不正確的風險觀念，少有人會這麼想。這對於一般大眾來說很可惜，但對於理解市場運作原理的人來說，卻是很幸運的事。要改變舊有的觀念極為困難，因為這在學術界已經根深蒂固，後來更轉入實務界，這些錯誤的模型就這樣一而再、再而三地被人拿來使用。但是，只要這

種情況不變，價值型投資人就能保住優勢，勝過運用其他投資策略的市場參與者。

別忘了黑天鵝

另一種無法納入模型裡的風險概念，叫做黑天鵝。黑天鵝的概念會流行起來，主要是塔雷伯（Nassim Nicholas Taleb）所寫的《隨機騙局》（*Fooled by Randomness*）推波助瀾。他在書中講到的「黑天鵝」，指的是罕見但影響力極大的事件，而且只能在發生之後回顧、無法事前預測出來。

如果要舉幾個黑天鵝的例子，或許會有人想到美國違約，或是全球貿易停擺引發無法預見的結果，導致全球經濟衰退，或者是惡性通膨。

此時此刻，沒有人想過惡性通膨這種事，因此如果發生了，那就是黑天鵝事件。黑天鵝事件難以預測，但衝擊力道極大。而且，以後見之明來看，可以輕鬆解釋黑天鵝事件發生的原因。以惡性通膨為例，就是肇因於全世界寬鬆的貨幣政策。

出現黑天鵝事件時，所有維持金融世界穩定的假設都

不成立了。新的假設出現，資產價格大受影響。有趣的是，一天到晚都有黑天鵝事件，像是網路股崩盤，以及投資銀行雷曼兄弟垮台。這兩個範例從事後來看都很容易解釋，但是，當時金融世界裡的多數人都看不到就要出大事了。

我不知道前方有什麼樣的黑天鵝事件在等著我們，但我很確信一定有事情正在醞釀當中，標準的風險指標根本無法預測出來。價值型投資人唯一能做的就是尋求保障，不管經濟環境如何變化，都要買進有安全邊際的資產，並用實際的價值來和支付的價格做比較。

我們眼中的風險

基本上，我們設法買進的，是以價格與我們認定的價值之差異來表示的價值。

——美國知名投資人華特‧許羅斯（Walter Schloss）

價值型投資人定義的風險，是可能損失的金額與機率。因此，投資的風險就是出現不利結果的機率。為了理

解投資的風險，我們需要知道投資會有什麼結果，這包括要預知未來，但沒有人能有效率地做到這一點。

遺憾的是，我們無法用數字來描述這樣的風險。投資的績效如果很好，後來就會被說成是低風險的投資。若到頭來很糟糕，就變成高風險的投資。但就算一切到最後都如預期，我們也不知道這樣的投資風險到底高不高。畢竟，風險是我們每一個人對於特定投資的認知。

不過，即使我們無法判斷風險，但至少還可以做三件事來抵銷風險，包括適度分散、為任何事做好準備（我會在全天候投資組合部分再詳談）。其次，價值型投資人會在適當且價格不高時，替持有部位做避險（討論避險時會再詳談這部分）。第三也是最重要的，價值型投資人會在有安全邊際時才投資。這表示不管發生什麼事，長期的資本虧損風險甚低。

「波動性」與「跌價」是大好機會

我們不應把暫時的價格波動視為風險，反而應該看成機會。如果一檔股票價格下跌，很多人都會覺得風險很大。然而，很多情況下，公司的基本面根本沒有惡化、或

是惡化程度遠低於股價下跌程度。我們之後會在輝瑞股票的案例中，看到這種情況。這是絕佳的範例，證明對於價值型投資人來說，一檔被市場視為高風險的股票，其實風險很低。

我們無法避開市場的波動性，但可以避免支付過高價格買進投資標的，並避開類股前景不太正面、而且企業的基本面正在惡化的股票。如果你用折價買進可以提供好價值的公司，風險就很低。因為長期來說，價值終究會反映在價格上。

卡拉曼在《安全邊際》書裡介紹了一個少有人理解的概念：下跌的股價可以提高長期報酬。假設你以10美元買進一家X公司，其股利殖利率為5％。如果明年股價跌至5美元、但基本面不變，你可以用更低的價格投資你的股利，最終的報酬會比股價不跌時更高。

在上例中，股價跌了50％，三年到期時事實上是使得總報酬率提高了31％。這個觀點技術上很好理解，但實務上很難應用。畢竟，即便股價下跌代表長期報酬會更高，但沒有人想看到跌價。然而，如果下一次股價再跌，你要很開心。因為這讓你可以買進更多股數、提高你的長期報酬。到時候你可以好好表揚自己，因為那一天代表了

表3-1　下跌的股價可以提高投資報酬

初始投資	A 情境：股價穩定		
$10,000.00	2017	2018	2019
股價（美元）	10.00	10.00	10.00
年初時買進的股數	1,000	1,050	1,102.5
每股股利（美元）	0.5	0.5	0.5
再投資股利總額（美元）	500.0	525.0	551.3
年末價值（美元）	10,500.00	11,025	11,576.3
總報酬率			**16%**

初始投資	B 情境：股價波動		
$10,000.00	2017	2018	2019
股價（美元）	10.00	5.00	10.00
年初時買進的股數	1,000	1,050	1,155
每股股利（美元）	0.5	0.5	0.5
再投資股利總額（美元）	500.0	525.0	577.5
年末價值（美元）	10,500.00	5775	12127.5
總報酬率			**21%**

資料來源：作者根據卡拉曼的見解所做的計算。

你已經精通價值型投資。

　　從社會面來說，目前的股價極高。這看起來或許是好事，很多人都為之亢奮，但這也代表著你的退休金基金的再投資股利、以及每個月提撥金額能買到的股數，會比股

價較便宜時還少。雖然聽起來很違反直覺，但遺憾的是，對多數市場參與者來說，目前的高股價將壓低未來的財富。

投資的終極目標

關於風險，最後一個我們要理解的概念，是「風險與報酬不對稱」。懂了這一點，長期就能賺得極高的投資報酬。

風險與報酬不對稱是股票投資的精髓，也是想打敗大盤的人必備要素。然而，風險與報酬不對稱可能是正面的，也可能是負面的。在正向的關係中，賺賠的機率相同時，你損失的金額會遠低於可賺到的報酬。

而負面的風險與報酬不對稱，是指你的損失會高於潛在的報酬。

如果你有耐性，在組合裡放滿風險與報酬呈正向不對稱的投資標的，就能以極低的風險達成極高的報酬。而這也正是價值型投資的真諦。

金融市場裡的問題、或者說機會，是投資人通常把焦點放在報酬、而不是風險。在牛市時這種情況更明顯。畢

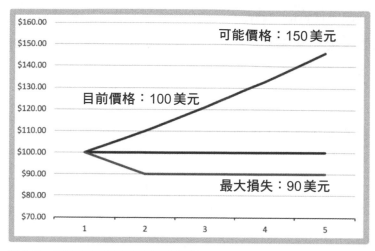

圖3-3 正面的風險與報酬不對稱
資料來源：作者的見解。

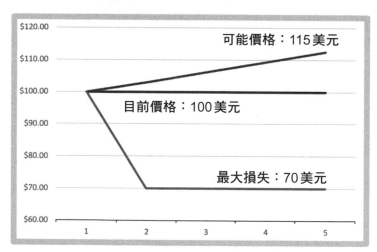

圖3-4 負面的風險與報酬不對稱
資料來源：作者的見解。

竟，人性就是會忘了不好的經驗，僅記住正面的事。上一次出現熊市至今已經過八年多，現在很多人投資時已經完全不去看風險，所有的心力都放在報酬上。正因如此，你常常會聽到關於殖利率、報酬、股利和票息等等的討論，或是看到相關的情境推敲，但是很少會看到詳細的風險情境分析。

所以，先把焦點放在風險上，只有在風險很低時才考慮報酬。如此一來，你就可以找到風險最小化、報酬最大化的風險與報酬不對稱情境。

如果未來發生衰退的機率很高……

我要舉市場當前的風險與報酬情境，作為範例（目前是2017年年底）。雖然你讀到本書時可能已經過時，但仍是絕佳的學習範例。

以下是簡單的計算。整體來說，股票能給你的報酬符合其獲利與經濟成長。而目前的標普500指數本益比約為25倍，換算出來的盈餘殖利率（earning yield）約為4％。而美國經濟的預期成長率為1％到3％，代表未來的獲利不會成長太多。因此，我們可以說，美股長期的年報酬率

約為5%。

至於風險面，美國歷經八年的經濟擴張之後，接下來五年發生衰退的機率很高。且讓我們假設，未來五年發生經濟衰退的機率是50%。這表示你有50%的機會賺得5%的股票預期年報酬率，50%的機會看到股市如過去兩次經濟衰退一樣，下跌達50%。這表示，每投資100美元買進指數，投資人的風險是損失50美元，可能的報酬是27美元（報酬率為5%，本金為100美元，累積五年）。

市場參與者並未意識到市場風險的負面不對稱性，然

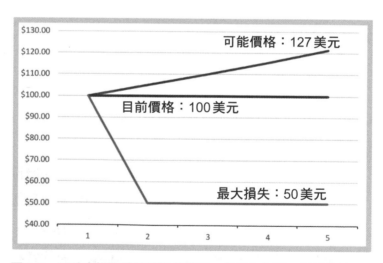

圖3-5　目前市場風險報酬分析顯示，此時為負面不對稱情境
資料來源：作者的見解。

而，這在未來很可能會導引出人們不樂見的意外，再度為價值型投資人創造絕佳機會。

打造風險驟降的潛力組合

　　然而，要讓投資組合呈正向的風險與報酬不對稱，常常是說起來容易，做起來難。不過，由於現在一般人都可以投資全世界成千上萬的公司，你很有機會找到下跌風險有限、但上漲潛力很大的投資標的。而指向風險有限的指標可以是基本面指標，甚至是質化指標。比如，所謂的基本面風險指標指的是淨值、穩定的現金流、每股現金，以及其他指向下跌有限、但獲利潛力足以拉高漲幅的指標。

　　至於質化因素，我們要檢視的是成長。一家公司若能因產業環境、總體經濟或人口趨勢而受惠，大有機會創造出可長可久的成長。而它所創造出來的報酬，就很可能遠高於債台高築、又因為整體經濟成長速度慢而受限的公司，比方說標普500指數裡的很多成分股。

　　最後一項投資祕訣很簡單。你分析愈多股票，就能找到愈多風險與報酬呈正面不對稱的個股。以我的經驗來說，我可以說，投資並不是晦澀難懂的世界，不用聰明絕

頂，也能持續判斷出正確的資產價格。投資世界很小，每一檔個股都只有一小群分析師在追蹤，而且股票的定價通常很沒有效率（尤其是小型股）。就算是業餘的投資人，只要有一點耐心，都能找到絕佳的投資標的。

另一方面，每天花十五分鐘追蹤幾檔大型股，也有機會創造出極高的報酬。此時的重點，是在獲利報酬讓你滿意時才買，千萬別在股價過高時下手。長遠來看，這樣的策略可使你以低風險創造出高額報酬，打造出長期風險與報酬呈正向不對稱的投資組合。

21世紀價值投資

Modernizing Value Investing

如果你希望績效優於群眾，你的行事必須
不同於群眾。

——美國知名投資人約翰‧坦伯頓

（John Templeton）

葛拉漢投資哲學再進化

只要是稅賦就會有抑制效果，那麼，何不抑制空氣汙染這類壞事就好，不要阻礙像就業或投資這類好事？
——美國前財政部長勞倫斯·桑默斯（Lawrence Summers）

首先要說的是，價值型投資的重點是要找到會計上很划算的標的，並在折價時買進。自葛拉漢琢磨精煉出價值型投資策略之後，已經過了快一個世紀，很多事情都不同了。然而，葛拉漢的原則仍然傲然挺立，而價值型投資也可以擴大定義，納入過去百年發展出來的概念，且同樣能壓低風險、提高報酬。

不要害怕支付稅金

沒人想納稅，但誠如前英國首相班傑明·迪斯雷利（Benjamin Disraeli）說的：「人生只有兩件事是確定的，那就是死亡跟稅金。」不過，每個人要繳納的稅金都不同，要由你居住的地方以及你的帳戶結構而定。舉例來說，荷蘭不課徵資本利得稅，但是不管你如何利用資本，

每年都要支付1.25％的單一稅率資本稅。這聽起來很划算，但是如果你每年的平均報酬率為6％、利得部分要繳納20％的資本利得稅，你要繳的稅就會低於荷蘭的單一資本稅，因為這時候你的投資組合只要繳1.1％的稅。

對價值型投資人來說，重點是，不要害怕要繳納資本利得稅。如果你是基於價格很划算，用100美元買下一檔股票，一年後股價漲到200美元，扣除20％的資本利得稅之後，你的淨利是80美元。有些人可能不會賣掉，把這本來要繳的20美元稅金留在投資組合裡，就拿持有股票的股利就好。然而，不賣的機會成本很可能高於要支付的20美元稅金。

首先，股價漲到200美元時，這就不再是物美價廉的標的，還可能跌到180或150美元。此外，如果你是在100美元時買進，股價來到200美元時你也許不會想再買。其次，市場或許還有其他你沒有辨識出來的划算股票。為了省20美元的稅金而不賣股票，恐怕會害你賺不到買進另一檔股票可以賺到的100或是80美元稅後淨利。因此，稅籍地有課徵資本利得稅的投資人，必須在策略中納入稅金成本，才能知道到底為何要買進某一檔股票，以及何時和為何要賣出。

非常重要的是，要知道你所在國家的投資相關稅制。你的股票營業員在這方面一定能夠協助你，你可以撥個電話過去。如果是網路券商，你可以不斷去使用他們的線上聊天功能，直到他們提供了所有必要資訊，讓你知道如何在考量相關稅賦之下，做出合宜的投資決策。

股價與現實也會背道而馳

要解釋股票市場與企業的根本現實面有何差異，只要問一個問題就可以了：明天你還要吃飯、還要替手機充電嗎？不管明天股市會怎麼樣，你應該還是會做這兩件事。很重要的是，要理解無論股市如何變動，大部分的人還是會繼續用同樣的方法過日子。而長期來說，這一點會反映在多數企業的營收和獲利上。

有一個完美的例子可以說明股價有時候會和現實脫節，那就是2009年金融危機期間，輝瑞（紐約證交所代碼：PFE）的股價走勢與其獲利之比較。輝瑞是全世界數一數二的大藥廠，而且不管經濟環境或是股票市場如何，人總是要用藥。熊市來襲時頭痛藥可能更暢銷，但那是另一件事了。因此，如果輝瑞的股價會隨著經濟危機或股市

恐慌起舞，並不合邏輯。然而，在股市恐慌時，多數投資人就是盡力拋售持股，根本不管企業穩不穩定，或者公司和經濟趨勢的相關性有多高。

　　危機過後，輝瑞的股價很快就回到之前的水準。所以說，有能力分辨股市不理性恐慌和企業實際環境的投資人，並且在輝瑞的獲利極為穩定的期間以低價買進，就能大賺一筆。

　　市場一直在提供絕佳的投資機會，給有能力看出市場捉摸不定的動態和企業的基本面是兩回事的人。以輝瑞為例，顯然市場太悲觀了。但相反的，市場也常常樂觀過了頭。

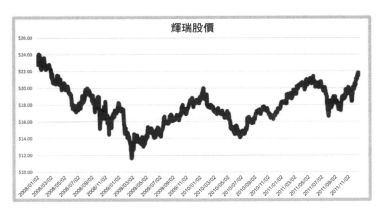

圖4-1　輝瑞的股價在金融危機期間下跌53%
資料來源：作者的數據。

表4-1　輝瑞的獲利顯示，公司的營運極穩定

	2007/12	2008/12	2009/12	2010/12	2011/12
營收（百萬美元）	48,418	48,296	50,009	65,165	61,035
毛利率（%）	76.8	83.2	82.2	77.3	79.5
營業所得（百萬美元）	7,519	9,694	10,827	9,471	12,706
營業利潤率（%）	15.5	20.1	21.7	14.5	20.8
淨所得（百萬美元）	8,144	8,104	8,635	8,257	10,009
每股盈餘（美元）	1.17	1.20	1.23	1.02	1.27

資料來源：晨星公司（Morningstar）。

　　不過，能看出一家公司的價值遭到低估是一回事，在其他人都恐慌不已卻敢於行動又是另一回事。要做到這一點，首先，你必須具備相當的知識，能確定你找到的價值，不去管是不是和大多數人所想的不一樣。其次，你必須是樂觀主義者，相信人類終會勝利。而我寫這本書的目標，就是盡可能協助你，掌握價值型投資的技術面和心理面。

成為無可救藥的樂觀主義者

　　投資時要做個樂觀主義者，並不代表一檔股票上漲時你就要歡聲雷動，而是指要相信股市必會提供合宜的報

酬，並讓這些報酬隨著時間複製下去。事實是，演化使人類以非此即彼的心態來思考，認為事情非好即壞。仔細想一想，你就會發現，面對特定個人時，你要不就喜歡對方，要不就不喜歡。當你和工作夥伴或家人有過不愉快的爭執之後，當下會對此人湧出很多負面的情緒。然而，如果你檢視你們的長期關係，會發現這次突然爆發的負面經驗，在幾千個充滿愛與和平的日子裡，只不過占了一分鐘。人類這種「二擇一」的行為模式，來自於我們與生俱來的「戰鬥或逃跑」思維。而這是因為，過去兩百年來，人類面對危險環境情境時必須快速思考。然而，投資時，這種靈長類思維機制並不是最好的，不適合拿來用。

人常用看待人際關係的眼光，來看待股票漲漲跌跌的股票市場。多數投資人之所以會投資，都是因為確定股票會漲，但他們不了解投資的機率法則概念：什麼事都可能發生。

等某一天熊市終於來了，大多數的投資人一下子就相信，這就是大家說的金融世界末日了。但也就在這時候，價值型投資人必須樂觀，就算群眾都因為短期的股市下挫而盲目，價值型投資人也要買進正在對著他們大吼「趕快買我」的價值型股票。

經濟的運作本來就是有週期循環，這是因為，人的活動本質上也是有週期循環。諸事順利時，我們多半會多花錢。當民眾對經濟更有信心，舉債也會增加，這經常又會導致我們寅吃卯糧。同樣的，類似的模式也會影響政府和企業。

然而，這種行為無法持久。某個時候，就必須降低槓桿。此時通常就是經濟開始進入衰退之時。由於有政府的貨幣政策干預，再加上人們會暫時降低支出，過了一陣子之後，信用分數和存款水準都會提高，新的週期開始，帶領經濟走向比之前更好的發展。

這種事一次又一次出現，未來也還會繼續下去。但重要的是要知道，衰退永遠都是可觀經濟成長趨勢裡的小小暫停。

圖4-2傳達出一個明確的訊息：在人類共同努力之下，長期會帶來經濟上的成長與發展，衰退只不過是這股趨勢中的小小震盪。下一次股市又崩盤時，請記住這一點。

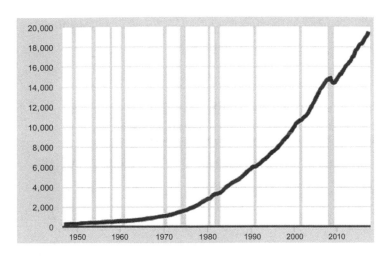

圖4-2　美國的GDP，灰色長條為衰退期

資料來源：聯邦準備銀行聖路易分行（Federal Reserve Bank of St. Louis）。

金融巨鱷的賺錢哲學

股價有時候會大幅影響企業的價值，投資人不可忽視
這種可能性。

——卡拉曼

行為金融學指出市場參與者通常有哪些不理性的行
為，而這些行為正是價值型投資得以獲利的基礎。畢竟，
如果每個人都很理性，那就沒有價廉物美的標的可買了。

像金融巨鱷索羅斯就提出了反身性理論（theory of reflexivity）。他是有史以來最偉大的交易員之一，長期投資績效甚佳，甚至優於巴菲特。索羅斯更進一步，分析不理性的金融市場如何形成反身效應，反映在企業、甚至市場的基本面。價值型投資人一定要懂反身效應。

舉例來說，一檔個股如果因為某個非理性的因素下跌，例如遭到空頭襲擊，這會引發市場恐慌與負面氛圍，可能導致放款機構抽走放款。而這又會引發負面影響，衝擊公司的實際基本面。因此，價值型投資人必須察覺到股票市場對於企業基本面造成的反身效應，因為這可以解釋很多莫名其妙的非理性行為、安全邊際失效，以及價值型投資的虧損。另一方面，理解反身性可以讓你更有耐心，等久一點才下手買進或賣出，進一步提高你的報酬率。這套反身性理論的重要支柱，是人容易犯錯，會在經濟冷熱循環當中自我強化與自我修正，還有反身效應。

如今最嚴重的問題之一，是經濟學家與決策者都把重點放在均衡、確定性與穩定性上。想想聯準會的目標就好：要達成穩定的經濟成長率與低失業率。聽起來很好，但這不可能實現，在歷史上也從未達成過，因為不確定性就是人類事物中的重要特色。而反身性的關鍵概念便是不

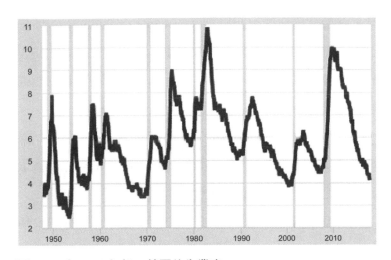

圖4-3　自1946年起，美國的失業率
資料來源：聯邦準備銀行經濟數據資料庫（Federal Reserve Economic Data，
FRED）。

確定性，這和上個世紀的經濟理論大力傳播的重點剛好相
反。看看美國的失業率就好，從來都不穩定，不是上揚，
就是下滑。

　　金融市場是更不穩定的環境，股價隨時隨地會有各種
變化。而之所以會出現這種波動性，是因為人類的思維與
行動先影響了市場價格、繼而衝擊基本面，再加上人的思
考並不完美，會出現錯誤。

　　反身性理論的基礎，是情境中的參與者會思考。而

且，就像索羅斯的出錯原則（principle of fallibility）所指出的，這些人的世界觀向來都偏頗且扭曲。問題是，錯誤的看法會導引出錯誤的行動，因此，扭曲的觀點會對相關情境造成實際影響。這也正是反身性理論的核心。

舉例來說，不斷罵孩子是壞小孩的父母，很可能到最後就是養出壞小孩，因為小孩真的會開始相信自己其實很壞。因此，扭曲的想法最後會影響到基本面。

股價如何影響基本面有一個絕佳範例，請看2012年到2017年的特斯拉。這段期間，特斯拉一直處於虧損，但是股票的帳面價值一年高過一年。

2012年到2017年，特斯拉沒有一季賺錢，但是透過幾輪募資，每股的帳面價值漲了10倍。這解釋了股價對基本面的深遠影響，以這個案例來說，帶來的是正面影響。

無論是正面還是負面，反映在帳面價值上的反身效應對價值型投資人來說非常重要。重點是，如果有個標的看起來非常划算，低股價真的會促使放款機構不願意放款，或迫使公司在稀釋效應極大的條件下籌募資本。而這可能會對一開始認定的投資標的價值和安全邊際，造成嚴重衝擊。這強化了一個概念：我們必須分批買進每一項價值型

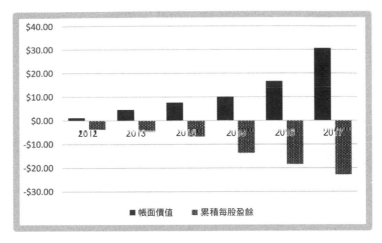

**圖4-4　從2012年到2017年第三季，特斯拉的每股帳面價值與
　　　　累積盈餘**

資料來源：晨星公司。

投資標的，以壓低風險並逐步深入理解這檔股票與這家公司的現況。尤其，如果這是一檔落刀股（falling knife）、亦即一檔股價大跌而且持續下跌的股票，更是如此。

「人會犯錯」

人會犯錯這個概念和反身性密切相關。這是指，人類無法完全明瞭這個太過複雜的世界，我們不斷訴諸各種簡化方法，可能是一般化、比喻或是從歷史裡找答案等等，

因此必然會得出扭曲的結論。我們大可說，人類本來就無法完全理解自己生存的世界。

投資是一道流程，由會思考的參與者推動而成。而參與者的思考有兩大作用，一是去理解環境，二是讓參與者在環境中利用本身的優勢行事。其中，讓我們理解環境的是被動的認知功能，而讓我們行動的是主動的操縱功能。

另一方面，邏輯理性指你看到這個世界、收集資料，然後根據資料行事。反身性理論又多了一步，指出你的思考和行動也會影響到你看到的世界。因此，這個世界永遠不明朗且不穩定，而你的想法則常常出錯。

就讓我們來想想「現在正在下雨」這句話。這句話非對即錯，取決實際上的天氣。然而，「加密貨幣很創新」則是一句反身句。這句話對或不對，要看這句話對這個世界會造成什麼效果。

要理解反身效應，最簡單的方式是透過回饋迴路。換句話說，參與者的觀點會影響事件發展的路線，事件發展的路線又會影響參與者的觀點，就這樣周而復始。

這股影響力可能是正向的，這會讓參與者的觀點愈來愈偏離實際事件；如果是負向的，則會讓兩者愈靠愈近，出現自我修正。但無論是正面還是負面的回饋迴路，都會

引發自我強化循環。

重點是，這樣的循環不會永遠持續下去，這是因為當參與者的觀點遠遠脫離現實，在某個時間點，參與者會體認到自己的想法不符合實情，啟動自我修正的趨勢。然而，不管是正向還負向回饋，都會影響實際的事件，並反射回來。這些都會引發動態不均衡。

自我強化會導引出超漲超跌的過程，或是在金融市場上催生出泡沫。重點是，要明白解讀錯誤與觀念出錯，在和人有關的事物上都扮演重要角色。比方說，我們確信聯準會現任成員都能正確解讀金融體系的運作嗎？此外，我們確信聯準會現在對於金融市場的想法與干預是最好的嗎？

以上這些都會引發不確定性，這也是我們投資時必須接受的事。我們做決策時，憑的是自己對於這個世界的不完全理解，因此，行動造成的結果不符預期，也合情合理。

而明白我們對於某一檔個股的想法可能出錯，對於投資、尤其是價值型投資大有益處。也因此，價值型投資人必須盡量找出可以提供安全邊際的因子，以容下分析出錯。如此一來，就算你估計的價值到頭來是錯的，也不會

虧損。即便投資的關鍵就是要在不確定的環境下行動，但你知道的愈多，不確定性就愈低。然而，遺憾的是，我們永遠無法完全消除投資的不確定性。

價格與基本面的脫節

反身性理論的基礎是，市場價格永遠都會扭曲基本面，不過扭曲的幅度可大可小。第二，金融市場會影響基本面，但市場本來應該是反映基本面才對。這就是反身性理論比行為金融學更進一步之處。行為金融學把重點放在資產定價錯誤，而不去檢視定價錯誤如何影響基本面。

而市場價格影響基本面的最常見管道，是透過槓桿，形式可能是債務，也可能是股權。畢竟，一家公司的股價上揚，股權就會更有價值，公司就可以善用此優勢，用較低的成本從事收購或借款。這兩種做法都會強化基本面，帶動自我強化的循環。如果股價下跌，放款機構會認為這家公司可能出什麼事了，不願意借更多錢給公司，公司的基本面就會惡化。

被基本面搞糊塗了？用反身性看懂標的

反身性理論很有意思，也是解釋市場現況的好方法，然而，你感興趣的可能是如何賺錢，以及索羅斯如何靠著這套理論賺錢。要賺錢，你要找到自我強化循環中的高點或是反轉點，這個時候，趨勢會變成反向的自我強化。

一旦趨勢和觀念錯誤正向增強彼此，就會啟動超漲超跌的過程。接下來，我們一定會遭遇負向回饋來考驗趨勢。如果趨勢很強，可以通過考驗，趨勢和錯誤觀念就會更強。

即便如此，到了某一個時點，人就會很清楚看出當中有觀念錯誤之處，跟著出現的就是循環後期，此時疑惑會不斷增長，更多人失去信心，但趨勢仍因為慣性而維持著。歷經了晚期之後，趨勢會反轉，通常問題也跟著出現了。不過，索羅斯也說，泡沫的型態並不對稱，長期的榮景一開始時速度很慢，後來逐步加速，在成功通過考驗之後繼續增強，在晚期時則進入持平。另一方面，下跌則是來得又快又急，因為投資人已經進入了恐慌模式。

每一個階段的時間長短與力量強弱都難以預測，但是有一種內在的邏輯導引每一個階段的順序，因此，順序是

可預測的。雖然如此,若政府施行干預、提出量化寬鬆這類的措施,也可能終結循環。

房地產是最好的解釋反身性範例。只要信貸便宜且容易取得,房地產就會進入泡沫期,比方說本書寫作之際。銀行會認為房價在攀高,因此願意借出更多資金。他們犯的錯,是沒看到容易取得貸款與抵押品價值上漲之間的關係。銀行認為,「抵押品的價值上揚」和「放款金額不斷提高」是獨立的兩件事。但便宜的貸款推高了房價,信用分數好轉,則放寬了借款的標準。

如果你套用的是反身性理論,看到泡沫形成時你就會急著買入,因為趨勢通常會自我強化;一旦你發現差不多已經到晚期時,就會急著賣出。你不會期待市場根據基本面調整,因為檢視基本面短期賺不到錢。

我之所以在本書中討論行為金融和反身性,是因為我常看到價值型投資人被基本面搞糊塗了。他們認為基本面看起來極有價值、因此股票算是被低估了,但是股市裡的表現卻從來沒有追上來過。事實上,情況正好相反,是基本面常常跟上股價表現,跟著上漲或下跌。因此,在面對投資標的時,應該要進行反身性的查核。

引爆混亂的訊號

真的有一半董事在打瞌睡，另一半在讀《華爾街日報》。他們放了很多投影片，但沒有人懂這些投影片到底在講什麼，等到燈一關，他們全都在打瞌睡。

——華爾街狼王卡爾‧伊坎（Carl Icahn）

除了提到市場風險報酬這個難解的謎之外，我還想深入探討其他有損企業環境、但市場並沒有體認到的問題。長期下來，這些都會造成嚴重後果，不跟著調整投資組合的人也要付出很大的代價。

有一個大問題對企業環境影響甚鉅，但少有人看出來，因為多數人都會落入二分法思考，沒辦法從相對性來想事情。我這話是什麼意思？這是說，股東在判斷企業的管理時，會看公司是賺錢還是虧損，以及是否和競爭對手的績效相符。但沒有人會去評估公司的表現是否能更好一點。

面對自己最喜歡的運動員，我們只會期待他們拿出最好的一面，也希望自家的孩子能完全發揮潛能。但說到企業管理，我們多半沉默，得到什麼就接受什麼。另一方

面，多數的股票都在指數型基金和退休金基金手上，這些基金持有部位也都只占各家公司股權一小部分，因此，企業的經理人很難嚴密控制股票，只要自家的股票表現相對順利，對他們來說也不是大問題。然而，公司管理階層的利益和投資人的利益不一致的話，未來可能引發嚴重的混亂。

消失的獲利

志得意滿非好事，而且絕對不符合要把一件事做到最好的精神。對我來說，沒錯，獲利的絕對值很重要，但同樣重要的是本來該有的水準是多少，低於這個標準便不可接受。檢視標普500指數從2007年到2017年的獲利圖，就說明了我要表達的意思。

從2007年到2017年，儘管利率來到歷史低點而且全球經濟都在成長，全世界規模最大型500家企業的總體獲利卻完全沒有成長。

此外，標普500指數會不斷根據市值更動成分股。我們知道，市值和獲利大有關係，營運績效好的公司會被納入指數，營運不佳的則被剔除。如果把同樣的公司放在指

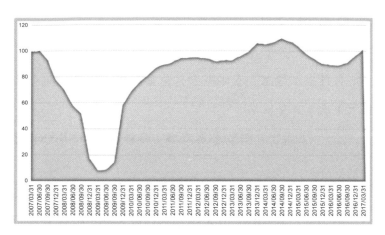

圖4-5　標普500從2007年到2017年的獲利
資料來源：多重資料來源。

數裡十年，圖4-5的狀況還會更糟。

　　如果我們知道美國經濟從2007年到2017年成長了
17%，全球經濟的成長幅度更高，利率也一直處於歷史低
點，美國企業的獲利為何都沒有成長？這是因為他們僅在
乎股價這件事，不關心企業的有機成長。

企業自殺行動

在投資世界裡，底部不會只是落在四年低點，而是落
在十年或十五年低點。

——美國投資趨勢專家吉姆‧羅傑斯（Jim Rogers）

你可能認為股價衝高是好事。然而，只有你是賣方
時，這句話才是對的。但大部分的投資人都不是賣方，而
是存股族。你是努力在長期存下最多股票，以便享受退休
人生。當標普500指數在企業獲利持平之下一再衝高，多
數投資人只是付出更高的價格買進同樣的東西。想想看你
的退休金基金吧！股價高漲，對你來說並非完全是好事，
因為這表示不管基金買什麼，你的新提撥款能買到的部分
變少了。

另一方面，企業管理階層會透過發放股利和買回庫藏
股推高股價。問題是，多數的買回庫藏股都會減損價值。
（而買回庫藏股或買回股份是指，公司在市場上買回自家
股票註銷，以減少流通在外股數。這應該會拉高每股盈
餘。）

首先，如果企業花在買回庫藏股與發放股利的錢，高

於賺得的利潤。這表示，公司的管理階層願意舉債來發股利與買回庫藏股，這兩種行為都會壓低股東得到的價值。

從2007年到2017年，標普500的成分公司花了7.16兆美元買回庫藏股與發股利，他們的總獲利為6.8兆美元。這表示，企業為了從事投資以帶動成長，以及維持股利和買回庫藏股而舉債的金額，高於賺得的利潤。我們都知道，舉債可以帶來即時的愉悅，但長期來說會造成損害，因為你要支付利息。如果你把所有的錢都花在股利和買回庫藏股上，成長又要從何而來？如前述的數字所示，美國企業的獲利在過去十年事實上並無成長。

其次，最荒唐的是，企業買回庫藏股時，完全不管要買回的股票帳面價值。如果買回的股票交易價格低於固有的帳面價值，買回庫藏股非常有利。舉例來說，假設你要買下一塊地、找承包商與蓋房子，需要100萬美元。如果隔壁的房子剛剛落成，售價是60萬美元。你很可能會快手買下，不費心自己蓋。假如隔壁的房子要賣300萬美元，你就不會買。你會用100萬美元自己蓋房子，蓋好之後，你就有一棟市價300萬美元的房子。邏輯是這樣，對吧？

但多數企業管理階層做的事，跟上述的例子完全相

反。他們不會蓋新房子，反而是用股東的錢買下價值300萬的房子。

我寫到這裡時，標普500的平均股價淨值比是3.29倍。這表示，公司每一次買回庫藏股時，都是在減損股東的價值。

表4-2　買回庫藏股減損價值的說明範例

在股價淨值比高時，買回庫藏股		買回之後
股價（美元）	329	329
淨值（美元）	100	75
總股數	1000	900
總股權（美元）	100,000	67,100
市值（美元）	329,000	296,100
買回庫藏股	100 股	
買回庫藏股成本（美元）	32,900	

資料來源：作者的見解。

上述範例要講的是，如果一家公司在股價淨值比3.29時買回庫藏股會怎樣。以本例來說，雖然公司僅買回10%的股份，淨值卻下跌了25%。淨值下跌，代表長期能用於投資、成長、未來創造獲利以及發放股利等等的資金會減少。因此，身為價值型投資人的你，一定要找到在股價低於帳面價值時才買回庫藏股的公司，這和我們在上

例中看到的做法剛好相反，但它能馬上拉高股東的價值。在股價淨值比較高時，買回庫藏股暫時可能會拉高每股盈餘、讓人覺得創造出價值，但實際上並非如此。

歐洲工商管理學院（INSEAD）的羅伯·艾爾斯（Robert Ayres）和麥可·奧列尼克（Michael Olenick）教授所做的研究更進一步指稱，目前的企業買回庫藏股行動，根本應該叫做企業自殺行動。事實上，一家公司花愈多錢買回庫藏股，未來的成長性就愈低，而這背後是有科學解釋的。

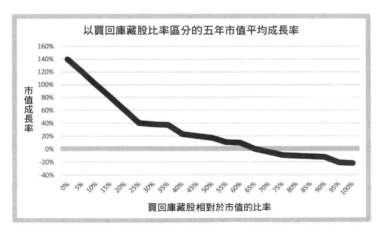

圖4-6 買回庫藏股相對於市值的比率愈高，五年市值成長率就愈低

資料來源：奧列尼克與艾爾斯，歐洲工商管理學院。

由於企業管理階層的作為，並不符合股東的長期利益，這表示，很多退休人士未來的生活品質，會低於原本可以享有的水準。畢竟，企業經理人的薪酬，多半和股價的表現有關，因此他們會繼續沉溺在昂貴的買回庫藏股任務中。因為就算這麼做其實有損公司的價值，卻讓他們可以領到更高的分紅與選擇權。

　　最讓我氣憤與難過的是，這個部分我們談的不是投資報酬，而是人、他們的健康、夢想，還有，廣泛來說，談的是國家的情緒與社會狀態。「我們」都是共同基金和退休金基金的持有者、長期投資人或是企業管理階層，毀壞我們手中持有企業的價值，對於未來的自己可以說是大不利。該是企業移轉焦點的時候了，不要再看拉高股價帶來的短期獎賞，轉為放眼創造真正的價值，亦即拉高帳面價值與企業獲利。

　　1990年代，巴菲特沒有跟從網路熱潮，當時很多人都批評他老古板，但他**絕對**不會跟從目前的買回庫藏股熱潮。巴菲特很反對在股價高於帳面價值120％以上時，買回庫藏股。但此時企業沉溺於低負債和高股價，我們彷彿又看到了1990年代巴菲特被視為老古板的情境再現。我很好奇，不知道長期報酬率給我們的答案會是什麼。

（注：但在股價低於帳面價值、或是盈餘殖利率高於長期資本成本時，買回庫藏股可以創造股東價值。）

渴望利益的華爾街

唯有在華爾街，才會看到開著勞斯萊斯的人向搭捷運的人尋求建議。

——巴菲特

除了管理階層的私人利益之外，如果再考量到手續費用和華爾街的利益，投資人能拿到的就不多了。這是一般投資人的報酬率遠低於大盤的理由之一。摩根大通發布的2017年市場綜覽指出，從1997年到2017年，一般的投資人的年報酬率為2.3％，同期大盤的報酬率則為7.5％。

華爾街的重點首先是他們能收到的手續費用、紅利以及薪酬配套，接下來才會顧到你的長期價值。對投資人來說，還好的是，由於競爭激烈，過去二十年來手續費用已經大幅下降，但這項成本仍是投資報酬中的重要因素。還有，你一定要知道這些中間人的利益何在。

華爾街的主要問題是，那裡的人拿的薪水是根據他們做了**什麼**事，而不是他們的做事成效有多好。手續費不見得一定不好，但我們必須知道和我們做生意的人背後有哪些動機。不管怎麼說，我還是希望，有一天華爾街的收費架構能以長期績效為準。

華爾街愛承銷

　　還好交易與管理費用目前都在下降，但除了這些之外，承銷業務又是另一個不受控的環境。舉例來說，2016年5月，高盛調升特斯拉（那斯達克代碼：TSLA）的評等並提高目標價，一個小時之後，高盛宣布將成為特斯拉20億美元二次發行新股的主辦行之一。但拿到承銷佣金之後，高盛很快就因為Model 3車款的疑慮，以及他們自己也有協助募資的太陽城（Solar City）收購案，而調降特斯拉的評等。

　　另一方面，首次公開發行（IPO）的案子之所以總是打點得讓市場興奮不已，承銷手續費是背後的理由。我們可以看到，以特斯拉為例，承銷方可以用驚人的6.5%折價買進股份。如果你要參與IPO，你要支付給證券經紀商

的費用很高，通常為2%到8%。

在投資IPO的股票時，價值型投資人一定要自問本次發行背後的理由是什麼。因為，太常有的情況是，IPO是在高股價比率的條件下，將希望與夢想化為資本。另一方面，目前的利率處於歷史低點，找很難相信申請IPO的公司，是因為他們缺乏資金去實現自己看到的美好前景。華爾街追逐的是手續費用，企業創辦人則想要將自己的工作成果變現，看起來，推動IPO的不見得是投資人的最佳利益。

是創新，還是泡沫？

我也要警告投資人一件很重要的事，那就是要留心只關心自己賺得的手續費、一樁一樁交易做不停的金融中介者。另一方面，由於華爾街注重短期結果，所以會不斷推陳出新，推出更令人心動的證券產品。

金融市場的創新，讓華爾街可以在毫無風險之下收到固定的手續費。對，無風險，但前提是他們不能太貪婪，不要像2009年金融危機之前那樣，交易自己的信用違約交換（CDS）。1980年代市場充斥著各式各樣的債券，同

樣的，今日的市場裡也有讓人眼花撩亂的ETF。

第一批ETF很成功，導引出各種新型的ETF，接著，愈來愈多更複雜的ETF問世。ETF就像是共同基金，但是你可以當成個股一樣交易。然而，一旦某些ETF必須出脫資產，卻因其固有風險與低流動性，導致實質市場上沒人要接手，就會出問題。

我要用卡拉曼的話來總結第一部：「今天看來有進步的新事物，明天可能會證明那是有缺失、甚至根本有錯誤的東西。」

事實是，華爾街不管怎樣成功都不會滿足，總是期待接下來的佣金，或把心力放在能賺到更多錢的交易。對長期投資人來說，很不幸的是，這種態度使得他們每幾年就要面對重大虧損，但華爾街的那些人仍然只是放眼於未來的手續費用。

因此，你必須要知道你的投資目標是否和財務顧問的目標相符。

本書第二部會把更多重點放在價值型投資的技術面，以及如何從價值型投資的觀點，來分析各家企業。

PART

II

盤點價值投資者必備的 25大工具

本書的第二部要深入鑽研價值型投資的技術面，包括：

- 決定一檔股票的內在價值。
- 決定一檔股票的安全邊際，替你的風險設限。
- 理解可釋放企業價值的催化因子。
- 避開價值陷阱。
- 與內在價值相比較，盡量用最高折價買入。

在第二部中，我會提到各種可以用來決定內在價值、安全邊際和折價的工具，以及有助於避開價值陷阱和利用市場不理性的利器。

我在第二部討論了25項工具，背後想要傳達的重點是：企業估值並不精準。更好的說法是，不管現在或未來，所有的估值都是錯的。這是因為做分析時一定會有主觀性，除此之外還有太多不斷變動的因素，估值不可能精準。然而，近似但正確，好過精準卻錯了。重點是，要提高安全邊際，以限制錯估的可能性。

有一點很重要必須釐清，那就是自葛拉漢大致上使用統計學來找出價格遭到低估的公司、或自巴菲特以公允價

格買進出色的公司以來，投資環境有了大幅變化。然而，對於認真的長期投資人來說，我們所討論的價值型投資工具組還是很重要，因為價值型投資首重限制風險。有些投資工具以現在的網路企業環境來看或許過時，但是在比較分析或是特定投資項目上仍很好用。其他的工具，例如納入成長當成重要的價值，則完完全全適合現代的價值型投資人。

這一部分的內容會歸納、描述、說明與討論對價值型投資人而言，最重要的工具。第三部分則會以實際的範例，來說明實務上要如何應用這些工具。

精通估值之道

The Art of Business Valuation

你付出的是價格，你得到的是價值。

——巴菲特

估值無法精準，但是……

近似但正確，好過精準卻錯了。

——這句話一直被誤當成經濟學家凱因斯所說，但事實上最早說出這話的人是英國哲學家卡維斯·瑞德（Carveth Read）

　　有人認為市場很有效率，總是能反映出企業的真實價值。但歷史證明，市場對於企業的評價極不理性，可能過高，也可能過低。因此，如果知道要怎樣才能適當地評估企業，能讓你在投資上更勝一籌。因為這能讓你不去管市場的想法，並且把這一點變成優勢，好好善用市場的錯誤定價。但不要期待有精準這種事。不過，也正因為不精準，讓價值型投資相對輕鬆，因為你只需要把目前的股價拿來和你手上的價值範圍相比就可以了。如果股價並未遠低於你算出來的平均價值，那就另覓新機。我認為，大部分投資人也總是因為這個理由，而避開價值型投資。畢竟，做研究要耗費很多時間。而且，就算你找到前景看好的標的，你設定第一次要出手買進的價格，有九成時候都遠低於目前股價。然而，勤勉的研究與系統化可以帶來優

勢，那就是能以更低的風險創造出更高的報酬。

　　投資成功很簡單，不需要用到複雜的數學公式，或者，就像巴菲特說的：「遠離當中有任何希臘字母的東西。」在這個時代，要成為價值型投資人，你只需要具備常識、願意做很多研究，和擁有一部電腦就可以了。且讓我們來看看相關的工具。

工具 1：善用價值區間

　　很多漂亮的數學模型使用大量的歷史數據，來預估未來的現金流、再把現金流折算成現值，然後得出一個目標股價。問題是，這類估值模型裡包含的假設不斷在變，你根本不可能得到靜態的精準估值數值，因為利率、匯率、估值、股票市場溢價、市場氣氛等等，幾乎所有和金融市場有關的事物都隨時在變化。舉例來說，利率的小幅變動就可能大大衝擊債券的價值、從而影響所有股票估值模型。

　　我們在做估值時絕對不要力求精準，只要還算準就可以了。數學模型看來很準，但大部分時候，在餐巾紙背面

做一點簡單的計算，會比試算表上的幾百筆數據更有價值。有一個簡單的範例可以說明，要估算一家公司的價值有多困難。看看華爾街的分析師就好，他們拿得到所有可得的數據，領薪水全職研究股票，但他們提出的永遠是範圍很寬的估計值區間。以下的數據，說明華爾街各家分析師對於蘋果、微軟、Alphabet 與亞馬遜等公司目標價的分歧看法。

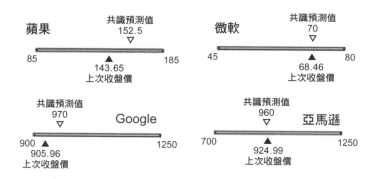

圖5-1　分析師得出的目標價差異通常很極端
資料來源：那斯達克。

　　一家公司該值多少，各家的看法可以說是南轅北轍。然而，如果意見不分歧，就不需要金融市場了。畢竟，交易之所以會發生，是因為某一種資產對買方來說，價值高於支付的價格，對賣方來說低於能收取的價格。

你在讀本書時，可以去查一下分析師對於上述各檔股票的估計值，只要瀏覽一下那斯達克的官網並點選「分析師研究」（Analysts research）就找得到了。我敢打賭，所有的估計值可能跟2017年5月時做出的估計值大不相同。這進一步證明了評估一家公司的價值有多困難，檢視長期價值尤其不易。

　　運用本書所述的工具，你可以得出一個價值範圍，讓你用不同的觀點來看特定的投資標的。價值型投資的關鍵，是在現價低於你最悲觀的內在價值估計值時買進。這樣一來，你就是在有安全邊際下，買下划算的標的。再者，如果你是從長期觀點來計算企業價值，得出的結果會更穩定。此外，長線型的價值投資人也能善用市場的不理性（而分析師的不精準研究，又加劇了市場的不理性）。

　　然而，滿足所有條件的完美價值型投資，寥寥可數。因此，使用本書所述價值型投資工具找出的價值，最好用在比較分析，讓你能夠找出最佳的股票，並根據你的風險報酬偏好，建構出適合的投資組合。

　　但套句班傑明‧葛拉漢的話：千萬別忘記「價值應該會對著你大吼！」每當股價低於你用所知工具得出的內在價值，你就找到了物美價廉的標的。只要有這種情況，請

下重注。接下來，我們要來談四種基本的價值分析方法。

評估價值的四大策略

影響控股估值的主要因素，是（過去與未來的）獲利能力與資產價值。

——巴菲特

想勝過大盤，你必須在賣方出錯時買進。因此，你要以折價買進，這一點又將我們導引到企業估值的藝術上，這是找到折價的唯一選擇。我在此要說明四種企業估值的方法，藉以介紹這一章的內容。這四項方法為：淨現值（net present value，NPV）分析、清算價值（liquidation value）、股市價值（stock market value）以及對於私人業主而言的價值（value to the private owner）。這四項方法，再加上計算內在價值，已經是評估公司價值的最好方法。請注意，每個方法都有優缺點，沒辦法每次都估算出準確的價值。此外，依照投資標的不同，用到的工具也不一樣。然而，不同方法得出的價值區間，仍是絕佳的投資決

策與比較基礎。

工具 2：計算淨現值

淨現值是一家企業未來預期可創造的所有現金流的折現值。這套方法的難處，在於要如何估計未來的現金流，以及如何決定折現率。你可以使用獲利來取代未來現金流，這是因為長期來說，獲利關乎企業能創造的實際價值以及現金流。然而，未來的現金流是要分配給股東還是再投資，則仍交由企業的管理階層斟酌。

未來不可預言，最多只能做到準確猜測。因此，最好保守估計未來現金流，淨現值分析才有價值。估計時很保守，隨即創造出安全邊際，也能抑制主觀性。要說明樂觀、悲觀等個人感受如何影響股票估值，用特斯拉的股票當作範例最能說明。

樂觀主義者會假設，特斯拉的各個專案，包括太陽能面板、儲能電池，以及各種電動車款等等都能順利推行，並在各自的產業內擁有一片天。在這種情境下，特斯拉未來的營收輕輕鬆鬆上看幾兆美元。如果以市值來算，公司

也可能成為新的蘋果。這樣的觀點顯然支撐起特斯拉目前（2017年）超過500億美元的市場估值。

另一方面，保守的估計者會檢視特斯拉的負債，然後估算如果經濟衰退拖慢電動車的銷量，而且太陽能面板系統無法獲利，那會怎麼樣。在這種情境下，特斯拉很可能破產，因此，從價值型投資的觀點來看，投資這家公司的風險太高。價值型投資的重點在於要保守，實實在在地限縮資本長期虧損的機率。

且讓我們深入鑽研計算淨現值的技術面。要做計算，要先決定投資項目的風險折現率。例如，投資礦業公司風險很高，因為在開採與經營礦場時可能出錯的事很多，包括各種技術面、政治面、自然環境面與勞動面的問題，多不勝數。因此，礦業的折現率一向很高。比方說，價值型投資人應該用高達20％的折現率來計算淨現值。另一方面，如果事情都很順利，礦業專案的技術性報告裡，就會有準確的未來現金流估計值。

假如投資標的是有護城河機制的績優股，則可以使用比較低的折現率。一般的做法是在股票風險溢價之外，再加上十年期美國政府公債的殖利率。美國政府公債的殖利率可視為無風險利率，加上這個部分之後，你就可以得出

穩當的股票預期報酬率。而股票溢價的平均值介於1.2%
（1999年）到6.45%（1979年）之間。同樣的，要保守
行事的話，用區間中偏高端的那一方比較好。

而計算未來現金流現值的公式如下：

$$PV = FV／(1 + i)^t$$

其中PV代表現金流的現值，FV代表預估未來現金流
的實際價值，i是折現率，t代表未來的期數。

要算出淨現值，就是把預估的未來現金流現值加總之
後，再減去目前的股價。

淨現值＝未來現金流的現值－股價

在以下的虛構範例中，我會先估計未來現金流（或獲
利）的年成長率為7%，並以5%的折現率來計算淨現
值。

表 5-1 使用十年現金流計算投資標的淨現值，年成長率為 7%，折現率為 5%（為了簡化之故，沒有終值）

t 年	現金流（美元）	折現率	現值（美元）
1	100.00	0.05	95.24
2	107.00	0.05	97.05
3	114.49	0.05	98.90
4	122.50	0.05	100.78
5	131.08	0.05	102.70
6	140.26	0.05	104.66
7	150.07	0.05	106.65
8	160.58	0.05	108.69
9	171.82	0.05	110.76
10	183.85	0.05	112.87
總現值（美元）			1,038
股價（美元）			800
淨現值（美元）			238

資料來源：由作者計算。

　　這項投資標的現值為 1,038 美元，股價為 800 美元，得出的淨現值為正值：238 美元。這代表以所用的折現率計算，這是一項好投資。如果要計算獲利永遠成長的現值，還有另一套公式可用。然而，身為價值型投資人，你想要做的是相對的投資，而不是針對未來的承諾做投資。在獲利永續成長條件下，計算現值公式如下：

$$PV = 目前現金流／（i-g）$$

其中PV代表現金流的現值，i是折現率，g是成長率。但明智的投資人會假設，十年期間至少會有兩次經濟衰退，嚴重影響估計時所用的現金流。因此，這條用來衡量現金流持續成長之現值的簡單公式，其價值有待商榷。

為了簡化之故，我在計算淨現值時不計入最後一年的投資價值。但你也可以將終值（預估的股價）加入最後一年的現金流當中，只要該估計方法與你的投資風格相吻合。而這樣做也會提高現值。

計算淨現值時，另一個重要因素，是要納入期數。沒有必要算到太遠，太久之後的未來價值會因為折現變得不重要。但是，你納入的期間愈短，你需要的安全邊際就愈大。我發現，十年是很合用的期間，可以計算出未來的現金流量現值，之後不管發生什麼事，都可以當成是潛在的投資紅利。十年期間會讓你計算起來更輕鬆，並且做出保守的分析。如果用二十年來算，計算時就沒有這麼保守，但可能會更準一點。

要提的重點是，檢視明年的獲利已經是非常困難的任務了，更別說十年或二十年的獲利。然而，如果企業擁有

強大的業務護城河、且獲利能力高，企業就會更穩定。如此一來，你就可以使用比較低的折現率，也可以拉長要估計的期間。不過，面對風險較高的新興市場公司，我會使用十年期間。如果是有強大業務護城河的績優股，我會拉長到二十年。因為折現率可以比較低，這樣就能把期間拉長。

當然，得出的價值，會因為使用的折現率和期間而大不相同。如果你永遠使用相同的參數值，就會得出和你的風險報酬胃納量相關的絕佳比較值。

且讓我們改變假設，假定獲利毫無成長，而折現率為10%。

現在算出來的未來現金流現值總和為614美元，因此，淨現值為−186美元。事實上，你愈是保守，算出來的淨現值就愈低。而價值型投資的重點，就是在非常保守的假設之下，仍能得出正值的淨現值才投資。讓我們假設第三種情境：獲利無成長，期間還出現一次經濟衰退，導致獲利減為零。在此同時，由於其他投資可以創造10%的報酬率，因此我們也將折現率設定為同一水準。

表5-2 使用十年現金流計算投資標的淨現值，獲利無成長，折現率為10%

t 年	現金流（美元）	折現率	現值（美元）
1	100.00	0.10	90.91
2	100.00	0.10	82.64
3	100.00	0.10	75.13
4	100.00	0.10	68.30
5	100.00	0.10	62.09
6	100.00	0.10	56.45
7	100.00	0.10	51.32
8	100.00	0.10	46.65
9	100.00	0.10	42.41
10	100.00	0.10	38.55
總現值（美元）			614
股價（美元）			800
淨現值（美元）			−186

資料來源：由作者計算。

在計算淨現值時，其間納入一次讓股價低到不能再低的經濟衰退，是非常保守但很實際的做法。以股市長期的波動性來看，你可以預期，在熊市投資人恐慌、只管賣出根本不顧或不想價值時，幾乎每一檔股票都會跌到最保守的現值估算水準之下。

重要的是，要記住不可能準確估算出明年的獲利或現金流，更往後的話，只會讓事情更複雜。但淨現值的計算

表5-3　使用十年現金流計算投資標的淨現值，發生經濟衰退，
　　　獲利無成長，折現率為10%

t 年	現金流（美元）	折現率	現值（美元）
1	100.00	0.10	90.91
2	100.00	0.10	82.64
3	50.00	0.10	37.57
4	0.00	0.10	0.00
5	50.00	0.10	31.05
6	100.00	0.10	56.45
7	100.00	0.10	51.32
8	100.00	0.10	46.65
9	100.00	0.10	42.41
10	100.00	0.10	38.55
總現值（美元）			477
股價（美元）			800
淨現值（美元）			−323

資料來源：由作者計算。

要能有價值，一定要全盤考量可得資訊。有可能的話請製
表，看看哪裡會有投資機會，並調整計算，然後拿來和其
他的投資標的做比較。如果再加入其他工具，我們就能全
面性地估計內在價值。

雖然要準確估算未來的獲利是不可能的任務，但分析
企業目前具體可見的價值，可以在投資時提供更高的安全

性。最好的投資，是未來營收前景正面、且股價低於其有形資產現值的公司。而有一種工具可以幫助你找到這類投資，那就是清算價值。

工具 3：清算價值

一家公司的清算價值，是我們估算的有形資產減去所有負債後的淨值。清算價值能提供非常強大的安全邊際，因為這分析了如果公司不再運作下去，股東會拿到多少價值。

清算分析法背後的哲學是，當一家公司的股價逼近或低於清算價值，通常就會是好的投資標的。但清算價值取決於這家公司是以跳樓大拍賣的方式出清，還是慢慢地停止營運，或者只是分別出售一些事業單位。此外，企業擁有資產的出售價值，也取決於這些存貨是大宗商品還是特殊產品。有些公司可能很難出售主要商品，他們的存貨必須以極低的價格銷售，尤其是在出清大拍賣時。面對這類公司，就要用很高的折現率。

在目前的市場環境下，應用清算價值法看起來是很老

派的策略，因為目前市場被嚴重高估。比方說，標普500指數的股價淨值比為3.1倍。這表示，如果公司以淨值出售持有的淨資產，你現在預期能拿回的不到你支付股價的三分之一。3.1倍這個數字甚至沒有排除無形資產。為求保守，我們在計算時最好排除無形資產。因為無形資產大部分都是商譽，通常顯示的是公司在收購案中多收了多少錢。我的說法或許有點誇大，但是在清算、產業走弱或經濟衰退時，很難在商譽中找到價值。

商譽是一種會計花招，讓公司在進行收購時，可以把收購來的資產價值與支付收購價之間的差額列在資產負債表上，名為商譽。商譽並無實質價值，因為決定商譽數值的是管理階層在收購另一家公司時付了多少錢。在牛市與經濟擴張期，商譽的價值極高，在經濟衰退期則極低。但價值型投資人不會真的把商譽當成安全邊際，會比較偏好有形資產。然而，如果一家公司有強力且穩健的現金流，就算資產負債表上沒有太多有形資產，其內在價值還是可以帶來安全邊際。

淨值有助於判斷清算價值，但是並非所有淨值都根據帳面上的價值計算。一家公司的價值是其會計上的價值，我們很少看到公司的淨值等於其清算價值。舉例來說，建

築物通常以二十到五十年的時間折價。因此，如果一家公司四十年前買進一棟大樓，這棟大樓在資產負債表上的價值很容易就變成零。但假如公司要賣大樓，價值很可能比公司四十年前的買價高得多。

在決定清算價值以計算安全邊際價格時，重點是要放眼資產負債表之外，估計公司擁有資產的實際公允價值。在這方面，還好的是，負債多半以帳面上的價值計算。

現在我們來談負債這個主題。在負債問題上，如果公司的退休金債務要由公司計算未來義務的方式而定，因此事前無法精準判定，那麼，價值型投資人就要特別當心。要提高安全邊際，比較好的辦法或許是，遠離退休金負債很高或可能很高的公司。假設目前分散得宜的投資組合預期的最高報酬率不過是3％，但公司預估未來二十年的年報酬率可達7％，對於預期可領到還不錯退休金的員工、以及公司的股東來說，未來將發生很多讓人不悅的驚嚇。

清算價值是唯一關乎投資的實質價值，因為清算價值是把所有資產價值變現。到了此時，就不用再爭論這檔股票的正確價格是多少了。因為一切塵埃落定，得出明確的現金價值。雖然清算價值並未考慮企業估值中最重要的未來現金流價值，但在分析投資標的時，可以當成一個額外

的查核點。

如果要評估的是受到利空消息打擊的公司，很適合使用清算價值法。通常，公司的獲利多次不如預期、而且出現一連串的負面市場消息時，很可能引發極端的賣壓，從而出現很划算的股價。如果真的無法判定未來的獲利，只要這家公司長期大有機會轉正，判定公司擁有的資產價值有多高，有助於讓你知道在最壞的情況下，這家公司值多少。在最壞的情況下，如果清算價值仍高於股價，你的投資下跌風險就有限。

而要判斷清算價值，你必須：

- 計算公司擁有資產的公允價值（或許可以30%到50%的幅度折價，以計入可能出現清倉大拍賣的情形）。
- 扣除公司的負債。
- 要以非常保守的立場來計算資產價值。

我們可以馬上刪掉商譽等無形資產，但很重要的是，要查核公司擁有的各種樓房、存貨、授權、契約等資產的公允價值是多少。

你愈了解公司及其長期的成長態勢，就愈能計算公司的清算價值。從正面來看，使用歷史成本會計法、從未重估房地產價值的公司，隱藏價值可能極高。因此，非常重要的是，要估算要分析資產的實質（或是公允）價值，放眼資產負債表之外的真正數字。畢竟，資產負債表上的數值是會計指標，而非價值指標。

工具 4：股票市場的價格

講起來可能讓人有點意外，但價值型投資人偶爾會仰賴股票市場的價格來決定內在價值。不過，請記住，這只適用於特殊情況：在評估公司的事業單位時，可以拿股市裡也有交易的類似公司或是投資公司的估值來比較。

舉例來說，要評估持有多家公司的控股公司價值，最好的辦法就是拿各家公司和可相比較的上市公司相比。這樣能讓你很快有個底，大概知道實際的價值應該是多少。這種方法短期尤其好用，因為我們都知道市場對於價值的認知通常都是錯的。當然，你只應該在目前股價大幅低於相對價值、享有安全邊際時才出手買進。

每一位投資人之所以比較分析各家公司及其價值，目標都是想賺得讓人滿意的報酬。而價值型投資人要判斷的是，一旦市場體認到被低估股票的價值、或其他催化因子導引出價值時，他們可能賺到多少報酬。即便如此，千萬別忘記每一家企業都不相同，用相同的估值來評價類股中的每一家企業，並非得出合宜價值的好方法。

工具 5：公司可以賣多少錢？

　　很多企業都是私人持股，沒有公開市場上不斷變動的股價供持股人參考。因此，若要評估這類企業的價值，就要去看它們對於私人股權持有者而言的價值有多高。通常，業界的平均估值會和這家公司的資本成本以及資本報酬率有關，再斟酌加減各種品牌價值或風險。分析任何公司時，只要有可能，去看看過去類似公司的售價是多少都是好事，但你也必須考量不同企業之間的差異。兩家公司就算營收相同，但一家公司沒有負債、另一家公司卻沒有權益，兩家的估值就會大不相同。此外，也要評估到經濟現狀以及利率。

做這些計算可以得出，第三方大概願意出多少錢買下整家公司。比方說，許羅斯就是這套方法最知名的用戶。他是葛拉漢的學生，從1955年到2020年，他的績效每年都勝過標普500指數5％以上。他會以遠低於私人股權持有者認定價值的價格買下好公司，然後耐心地等待有人願意用溢價買下這家公司。

通常，購併活動會有好幾波，在經濟循環的後期，你可以預期購併會更熱絡，因為企業手握大把現金，而且急欲成長。如果公司的規模不算太大，可以補另一家更大企業的不足，我們可以預期，十年內至少會有幾次有人來洽談購併事宜。如果購併可以產生極大的綜效益處，那更好。

而用目前的股價和收購時可能的出價相比較，就可以提高投資的安全性，因為收購活動導向的是投資週期最重要的環節：變現。

講到收購定價，每一個產業都不同，像社交媒體這類產業，看的是用戶人數與成長率，而零售業著眼的則是獲利能力和營業額。舉例來說，2017年，亞馬遜花了134億美元買下年營業額157億美元、淨利5億美元的全食超市（Whole Foods），臉書則在2013年花了220億美元買下營

業額僅 1,000 萬美元的 WhatsApp。

　　要得出收購價，最好的方法是檢視產業的五項重要指標，並拿產業內幾樁收購案來和你正在分析的公司做比較。這麼做，你就可以估計類似公司的收購價。一如往常，你做估計時愈是保守，安全邊際就愈大。但同樣的，也會愈難找到物美價廉的標的。

為資產的內在美打分數

　　任何一年帳面價值變動的比率，都很接近當年內在價值的變動。

—— 巴菲特

　　巴菲特定義的內在價值是，「在公司剩下的壽命中可以創造出來的現金折現值。」（參見波克夏海瑟威 2013 年年報），並認為這是唯一合理的評價投資與企業相對吸引力的方法。我們大可將內在價值與淨現值畫上等號，但是在討論巴菲特所講的道理時，內在價值比較傾向於哲學，而非技巧。因此，我們必須把內在價值當成獨立的工具來

討論，因為內在價值能為變化萬千的企業估值藝術增加精準度，廣度也勝過淨現值。

　　未來不可能預知，因此無法精準判定股票的內在價值。即便如此，仍值得進行估算，因為光是嘗試去計算股票的內在價值，就能讓你更理解投資項目的風險和報酬。此外，如果你一直都用同一套方法，你算出來的內在價值就可互相比較。而這可以為你的投資決策流程大大增值，幫助你比較不同環境中，各投資選項的安全邊際。

　　身為投資人，你應該要關心你能從企業裡拿到多少錢。如果你是餐廳業主，你不會在乎餐廳的息稅折舊攤銷前盈餘（EBITDA）、投資報酬率（ROI）、資本報酬率（ROC）或其他指標，你最在乎的是餐廳能賺多少錢、年底前又能創造出多少現金，讓餐廳繼續蓬勃發展下去。

　　像業主一樣思考的投資人，最關心的是企業淨值的變動，也就是今年的獲利減去最後要發放的股利。如果你也用類似的觀點來看股票，你會把各檔股票當成是企業縮影、而不是用來賺快錢的工具。若你知道自己擁有的是一家好企業，你根本不會在意市場說什麼。除非市場進入恐慌模式，此時你會買進更多這檔你已持有的股票。然而，因為媒體報導和每天看著股價上上下下帶來的吸引力，很

多人很快就忘了內在價值這件事，只把焦點放在目標價格上。

　　長期來看，市場價值最終會跟上內在價值，但有可能是漲上來，也有可能是跌下去。重點是，要看每年帳面價值的成長幅度有多大，現金流又增加了多少。而帳面價值的年度變化，會比市場不理性的估值更穩定。同時，它也是內在價值的年度變化值，是估算內在價值時唯一的精準指標。

　　比方說，波克夏海瑟威就是絕佳的範例，顯示了內在價值長期與淨值密切相關，以及淨值的變動幾乎完全與長期股市報酬相關。在過去五十二年，波克夏海瑟威的市場價值下滑了十一次，但淨值只有下跌兩次。以波克夏海瑟威的淨值或內在價值為憑的人，在這些年頭或可享有極大的優勢。此外，波克夏海瑟威的淨值長期複合成長率為19%，非常接近過去這五十二年來，股價平均年成長20.8%的表現。但有鑑於目前熱絡的市況，股市報酬與淨值的成長很可能會慢慢消失。

表5-4　波克夏海瑟威的市場價值與淨值變化

年度	年度變化率		年度	年度變化率	
	以波克夏海瑟威公司每股淨值計算	以波克夏海瑟威公司每股市場價值計算		以波克夏海瑟威公司每股淨值計算	以波克夏海瑟威公司每股市場價值計算
1965	23.8	49.5	1991	39.6	35.6
1966	20.3	**−3.4**	1992	20.3	29.8
1967	11.0	13.3	1993	14.3	38.9
1968	19.0	77.8	1994	13.9	25.0
1969	16.2	19.4	1995	43.1	57.4
1970	12.0	**−4.6**	1996	31.8	6.2
1971	16.4	80.5	1997	34.1	34.9
1972	21.7	8.1	1998	48.3	52.2
1973	4.7	**−2.5**	1999	0.5	**−19.9**
1974	5.5	**−48.7**	2000	6.5	26.6
1975	21.9	2.5	2001	**−6.2**	6.5
1976	59.3	129.3	2002	10.0	**−3.8**
1977	31.9	46.8	2003	21.0	15.8
1978	24.0	14.5	2004	10.5	4.3
1979	35.7	102.5	2005	6.4	0.8
1980	19.3	32.8	2006	18.4	24.1
1981	31.4	31.8	2007	11.0	28.7
1982	40.0	38.4	2008	**−9.6**	**−31.8**
1983	32.3	69.0	2009	19.8	2.7
1984	13.6	**−2.7**	2010	13.0	21.4
1985	48.2	93.7	2011	4.6	**-4.7**
1986	26.1	14.2	2012	14.4	16.8
1987	19.5	4.6	2013	18.2	32.7
1988	20.1	59.3	2014	8.3	27.0
1989	44.4	84.6	2015	6.4	**−12.5**
1990	7.4	**−23.1**	2016	10.7	23.4
	下跌年度以粗體表示		平均	19.0	20.8

資料來源：波克夏海瑟威。

工具 6：衡量內在價值

內在價值的定義很簡單：在公司剩下的壽命中可以創造出來的現金折現值。以下公式可以計算出有多少現金可用來分配：

可用於分配的現金＝（提報的獲利＋折舊與其他非現金費用）－（企業維持營運的資本化費用＋額外的必要營運資本）

但要好好算出數值，唯一的方法，是檢視企業針對股利以及其他資本交易做過調整之後的淨值變化。然而，淨值變化僅顯示去年發生了什麼事，因此，要做內在價值分析，最好是綜合以下三項因素：

#1：過去投資的價值

內在價值的第一個要項，是企業所做的投資有多少價值，我們可以從投資的淨值來看。如果公司身處遭遇困境的產業，有些投資應該要減值計算或是審慎分析。我們在

看資產負債表的負債項時，要以帳面價值來算。但在分析資產項時則要非常保守，商譽和無形資產應以最大幅度折價，接下來則是存貨的價值、應收帳款、機器和其他非流動資產。在計算出內在價值以找出安全邊際、而算個股的淨值時，只有現金與約當現金（這是指很快就能變現的資產），應以帳面價值來算。

內在價值和淨值不同。淨值很容易計算，但指出的公司訊息有限，因為淨值並沒有講到未來會怎樣。然而，年度的淨值變化可以讓你知道，今年公司的內在價值有何變化，因為目前的變動無須折價計算。如果公司的成本項下有很多投資帳、而投資的現值都比成本高很多，這應該會反映在獲利上，並造成淨值出現變化。而獲利也是衡量內在價值時的第二項要素。

#2：獲利

獲利是企業賴以維生的氧氣，在評估企業時應納入衡量。如果你擁有一家公司而且無意出售，你唯一在意的應該是今年你能賺多少錢。此外，由於獲利的成長會完全反映在淨值的變動上，因此它也是唯一客觀的內在價值指

標。而評估獲利的最好方法，是使用過去的平均值、然後根據成長率跟週期性進行調整。下一章會再詳談週期調整本益比（cyclically adjusted price earnings ratio），以及價值的成長。

#3：預期未來報酬

內在價值的第三要項，是保留盈餘的預期未來報酬率，這是三項中主觀性最強的一項。而使用管理階層過去創造出來的已投資資本報酬率，是很好的近似值。管理階層愈出色，內在價值愈高。蒙格和巴菲特都說，在分析投資時，已投資資本是要善加運用的最重要指標之一。而它也必須當成獨立的投資指標來使用，因此這部分要另闢專區、當成獨立的工具來說明。

工具 7：已投資資本報酬率

眾所周知，蒙格對於投資世界的看法很簡單。但他的觀點有一項贏過其他觀點的優勢：有用，而且，他有五十

年以上，年報酬率達到19%的亮麗成績，可以替他的說法背書。他的投資觀很簡單，可以綜合成以下這幾句話：

「顯然，如果一家公司的資本報酬率高、並能以高報酬率進行再投資，這家公司就會有好表現。但光是這樣也不足以成為賣點，因此會有人引進很多無法增添太多價值的胡說八道，以及語焉不詳的概念。」

因此，我們必須看看如何計算已投資資本的報酬率，以及在投資時如何善用這項工具。

已投資資本報酬率顯示一家公司是否有效率地使用其可得資本，可以用以下的公式來計算：

已投資資本報酬率＝淨利／資本（權益再加上長、短期負債）

你可能看過不同版本的公式，有些人會扣除淨利中的稅項與利息費用，或是不計資本項下的商譽與超額現金等等。但我認為，以上這條非常簡單的公式既好用又很保守，有助於找出內在價值與安全邊際。畢竟，不計稅項和

利息費用，是假設所有企業都在同樣的環境下營運，這一點並不成立。而不計商譽與超額現金，隱含資本配置達到最佳狀態，同樣的，這一點也很有問題。到頭來，最重要的是，要一直使用相同的公式，因為得出的數值要可以互相比較。

以下，我會計算並比較美國南方電力公司（Southern Company）和蘋果這兩家公司的已投資資本報酬率，這會是絕佳的討論基礎。

在淨利部分，我用的是過去五年的平均淨利，因為一次性的項目通常會導致當期的指標失準。而負債和權益可以從資產負債表上找到，因此我不做任何調整，這樣計算出來的數字比較保守。

表5-5　南方電力公司的已投資資本報酬率

南方電力公司	2012	2013	2014	2015	2016	平均
淨利（百萬美元）	2,415	1,710	2,031	2,435	2,493	2,217
短期負債（百萬美元）			4,828			
長期負債（百萬美元）			72,022			
股東權益（百萬美元）			24,758			
已投資資本報酬率	2,217／（4,828＋72,022＋24,758）＝ **2.18%**					
	淨利／（短期負債＋長期負債＋股東權益）					

資料來源：由作者計算。

南方電力公司的已投資資本報酬率極低，僅2.18％。讓我們拿蘋果公司來做比較。

表5-6　蘋果公司的已投資資本報酬率

蘋果公司	2012	2013	2014	2015	2016	平均
淨利（百萬美元）	48,999	52,503	71,230	60,024	61,344	58,820
短期負債（百萬美元）			18,473			
長期負債（百萬美元）			140,458			
股東權益（百萬美元）			134,047			
已投資資本報酬率	58,520／（18,473＋140,458＋134,047）＝ **19.97%**					
	淨利／（短期負債＋長期負債＋股東權益）					

資料來源：由作者計算。

蘋果的已投資資本報酬率幾乎比南方電力高了10倍，根據蒙格的說法，這會導致類似的長期投資報酬率結果。蒙格所說的話離事實不遠，蘋果公司過去十年的年報酬率接近20％，而南方電力公司則接近2％（兩者均不計股利）。

因此，在比較投資標的時，已投資資本報酬率是極好用的指標。長期來看，其他指標的效果會淡化，但一家能以高報酬率讓資本複合成長的公司，長期下來一定有亮麗的表現。

蒙格說，以非常長期來看，不管現在折價多少，資本

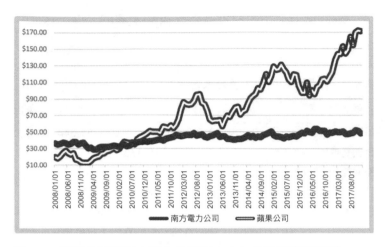

圖5-2　蘋果公司與南方電力公司過去十年的股價表現比較
資料來源：作者的數據。

報酬率才可以決定一檔股票能創造多少報酬。當然，你是在2008年以每股28.3美元，還是在2009年以每股12.9美元買進蘋果，報酬率是有差的。但2009年的金融危機說起來是特殊事件，而且，即使是2008年以相當高溢價（與2009年相比）買進蘋果的人，也賺得了極出色的報酬。2008年買進蘋果股票的人，在之後的十年資本成長了6倍，在2009年買進的人，資本則成長了14倍。兩種結果都很棒，也證明了已投資資本報酬率指標的重要性。

使用已投資資本報酬率工具，來評估投資標的隱含了

兩點：第一，這是非常長期的投資觀點；第二，你比較了很多投資標的，以便找出最出色的一項。抱持長期觀點的投資人可以不管短期的市場氣氛，反正要掌握市場時機本來也是不可能的事，但又高又穩定的已投資資本報酬率，可以提供必要的安全性，讓你不太可能長期虧損資本。

如果有機會以低於已投資資本報酬率決定的內在價值折價，買進出色的投資標的，那當然更好。但是持有現金有成本，要掌握市場時機也是不可能的任務。因此，當你找到一家企業的已投資資本報酬率與其他企業相比之下高很多，而且價格公允，同時還因為有強力的護城河機制能持續賺得高報酬，你可能會想投資這家公司。在公司基本面不變的條件下，股價一下跌，你就買進更多。巴菲特和蒙格就靠這套策略成了億萬富翁，這麼做就算不能讓你賺得比他們多，至少也大可讓你成為百萬富翁。

從更廣泛的觀點來看，已投資資本報酬率只是分析公司時會用到的一項指標而已。但是，這是值得你在決策過程中更加看重的指標。

餐巾紙內在價值課

　　結合以下三項要素，最後你應會得出，可以代表這家公司對你這位業主而言的內在價值範疇。首先，根據支付的股利與歷史成本會計問題調整過後的當期淨值，能讓你知道企業過去創造了多少價值，這也正是你現在要買進的價值。而當期獲利或者淨值變動，讓你知道你在分析股票時，企業創造了多少價值。第三項要素是已投資資本報酬率，它會告訴你長期可以預期什麼，因為這代表了未來實際上會創造的價值。已投資資本報酬率愈高、且股票的估值愈低，條件就愈好。

　　從價值與安全邊際來看，已投資資本報酬率愈高，公司就愈穩定，買進股票的人也有更高的安全邊際。

　　然而，實際的內在價值是多少，取決於你的投資偏好。我所說的投資偏好，指的是你想要的預期報酬率。關於投資，我們可以相信，長期的投資報酬率會和我們持有的企業獲利完全相關。而善用市場的不理性可以進一步拉高報酬率，把焦點放在企業獲利，則能讓我們知道可進行交易的價格範圍。舉例來說，你想要的投資報酬率可能是10%。因此，你可以用當期和未來獲利的本益比為10倍

的條件，來算內在價值。一旦股價跌破你的內在價值，就視為買進訊號。

有時候，因為公司正在蓋新的旅館、鋪設新管線、開發新礦場，或是從事其他幾年後才會得到價值的投資，導致股價遭到低估。而市場通常會以高於一般水準的折現率來計算這些投資案，但這反而為有耐性且明智的價值型投資人，帶來絕佳的投資機會。我們在討論雙曲折現時會再詳談這部分。

你可能認同、也可能不認同蒙格和巴菲特從早年的純價值型投資人的漸漸蛻變，但資本報酬是投資時最重要的指標之一，對內在價值也極為重要，這無庸置疑。要從事低風險、高報酬的投資，就要結合內在價值與安全邊際。而且，請記住，用餐巾紙背面做的計算，通常比幾十項數學公式與複雜的折現模型更有用。

此外，內在價值裡還有一個因素常因為投資人不夠周密而被忽略，那就是成長。很多人認為價值是靜態的，但現代價值投資人必須在估計價值時，計入成長。

工具 8：估算成長

　　有很多人在談成長型投資與價值型投資的差異。例如，法馬和法蘭區分析兩者的十年報酬率，發現過去九十年中，價值型類股有八十四年勝過成長型類股。而在討論這類主題的學術研究時，我也會區分成長型和價值型。學術研究向來從廣泛的觀點來分析市場，但明智的投資人比學界人士周密多了。值得一提的重點是，區分成長型與價值型顯現的是無知，而非投資上的周延。無須意外的是，最大型的投資機構會強力地把焦點放在區分成長型與投資型。

　　舉例來說，美國銀行（Bank of America）和富達投資公司（Fidelity）就指出，與大盤相比，成長型類股的價格較高、獲利成長較高，波動性也較高。（但事實剛好相反。）價值型類股則是價格低於大盤，和同業相比之下也比較便宜。而且，一般也認為價值型類股風險較低。

　　然而，這種區分法不夠周密。實際上根本不應該分成長型和價值型，因為成長是價值的關鍵要項。巴菲特在2000年致股東信中寫道：「喋喋不休講到『成長型』和『價值型』投資風格、把這當成對比投資法的市場名嘴與

投資經理人，展現的是他們的無知，而不是周密。成長只是價值當中的一個要素，通常是正面的要素，但有時也會是負面。」

因此，現在價值型投資人必須分析成長，把這當成價值的關鍵要素，在計算內在價值時納入成長。重點是，要先知道成長可以創造價值，但也可以毀了價值。其次，成長對於估值的影響可能很大，也可能微乎其微。

創造 vs 毀滅

「毀了價值的成長」與「創造價值的成長」，兩者間的差異很簡單。會毀滅價值的成長很燒錢，也無利可圖，創造價值的成長則能持續地複製有用的商業模式，創造健全的資本報酬。舉例來說，從2010年到2017年，星巴克的營收成長兩倍，獲利成長了三倍，這一切都要歸功於新展店面、利潤率提高以及買回庫藏股。而該公司的已投資資本報酬率一直都在25％左右。因此，在計算內在價值時，一定要納入這種已投資資本報酬和成長潛力，並分析成長相關的風險（我們之後會討論）。你必須把這類成長當成價值，因為這的確是，而且成長也創造出價值。

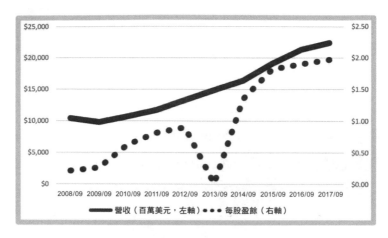

圖5-3 星巴克的營收與獲利
資料來源：星巴克數據。

另一方面，藍圍裙公司（Blue Apron）的營收在三年間（2014年到2017年）雖然成長了10倍，但是其負自由現金流同期間也成長了10倍，明顯指向在這種情況下，成長毀了價值。

保守計算就對了

如果你找到一家像星巴克的公司、並想要計算內在價值，你必須能估計未來的成長率，但這不可能精準估算。

比如，2017年7月，就連星巴克的管理階層都做了調整，把長期的預期獲利成長區間，從15％到20％，下調到12％。如果你在2017年6月去算內在價值，計算時預估長期獲利成長率為15％，一個月之後，你算出來的內在價值就全錯了。事實上，預期成長率愈高，內在價值的現值愈高。但成長率只要有小幅變動，就會大大影響到內在價值。

因此，計算內在價值納入成長時，務必要保守。舉例來說，在未來十年，星巴克獲利年成長率達到5％的機率就遠高於12％。預期成長率愈低，你算出的內在價值就有愈大的安全邊際。如果你追蹤十檔類似星巴克的股票，我可以說，由於某些暫時性議題、或是產業氣氛低迷等問題，每年必會有一檔股票的價格，低於你用保守的成長率算出來的內在價值。因此，只要遵循這樣的策略並耐心以對，十年下來，你會發現自己擁有非常出色的投資組合，內含十檔以極低價格買進、安全邊際極高的價值型／成長型類股。下一段要討論成長的風險，會幫助你判定應該保守到什麼地步。

如何判斷成長毀了價值？

　　我們談過成長也有可能毀了價值。因此，在尋找成長時，這是第一個要檢視的因素。而只要查看一家公司的現金流，你就能知道成長到底是為股東創造價值，還是毀了價值。如果投資報酬率非正值，成長就會毀了價值。但假如業務模式大有機會在未來替股東創造價值，那麼，你應該要看的是利潤率。畢竟，規模擴大很可能會提高利潤率，進而創造價值，反之亦然。

　　再來是要檢視所有會損害企業擴張的風險，例如：市場飽和、經濟阻力、生產成本上漲、無法聘用優質人才、競爭、政府方面的議題、全球衝擊、擴張資本的成本、成長企圖務不務實等等。而愈能準確估計出未來影響公司的因素，你算出來的內在價值會更好用。

為了成長付出的價格合理嗎？

　　最好的價值型投資標的，或許要算是能以合理價格創造未來成長的企業。成長率穩健、但估值低於市場平均值，且有穩定業務模式的公司，就算淨值目前並未浮現太

高的價值，長期也很有可能創造出亮麗的獲利成績。

　　說到底，就是要以合理的估計值來比較價值和成長。

　　但在深入鑽研安全邊際之前，我們要先來討論由諾貝爾經濟學獎得主羅伯・席勒教授（Robert Shiller）打出名號的週期調整本益比。週期調整本益比是消除短期獲利雜訊的絕佳工具，讓你可以檢視股票的長期價值。但華爾街不這麼做，因此，這也是你的優勢。

工具 9：週期調整本益比

　　耶魯大學的席勒教授能拿到諾貝爾獎可不是沒有道理。他的週期調整本益比確實有用，這個指標能透露出證券或產業的長期趨勢，是用於長期投資與計算價值的重要指標。然而，要特別提出的重點是，葛拉漢早就在他的書裡使用十年平均獲利這個數值，因此，席勒的貢獻大致上是宣揚這個指標，並提出了學術認證。

　　週期調整本益比和標準本益比的差異，是標準本益比只用一年的利潤資訊。然而，一年的獲利資訊通常會因為經濟狀況、抑或是出售或減計資產等一次事件而失準。截

至2017年，我們已經歷了八年的經濟擴張，很多人都忘了經濟循環是自然現象。

為了改善本益比指標，經濟學家約翰‧坎貝爾（John Campbell）和席勒發展出週期調整本益比，使用的是十年期間的平均獲利，以消除獲利與週期效應常見的波動性。週期調整本益比勝過短期相應指標（標準本益比）的第一點是，前者使用的是長期平均獲利，波動性較低。第二點是，由於使用長期獲利，因此能代表企業真實的表現。換言之，週期調整本益比是從價值的觀點，來指出市場何時便宜、何時昂貴。比方說，一旦企業獲利隨著經濟衰退下

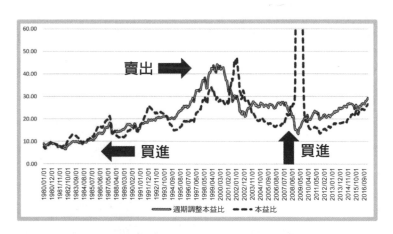

圖5-4　週期調整本益比與本益比的買賣訊號比較
資料來源：多重資料來源。

跌，標準本益比數值會高漲，但週期調整本益比反而會隨著股價下跌而下跌，因為平均獲利需要比較長的時間才會下降，不光只是一次衰退。

判斷股市高低的重要訊號

週期調整本益比消除了短期的循環，顯示的是經濟體的長期實質獲利。所以在評估市場評價是過低還是過高時，它是很好用的工具。以我寫作本書的時間點2017年年底來說，歷史上週期調整本益比只有一次高於目前水準，那就是1990年代末網路泡沫之際。即便在1929年牛市，週期調整本益比都還低於網路泡沫。遺憾的是，我們都知道，這兩種情境到頭來讓投資人陷於何種處境。

週期調整本益比的歷史平均值為16.8倍，目前的數值則為31.55倍，指向市場價格被嚴重高估。圖5-5顯示，週期調整本益比很低時，未來股市的報酬會很高，反之亦然。若週期調整本益比高於20倍，十年的年報酬率向來低於5%，高於25倍則低於1%，高於28倍時甚至為負值。而投資人可以善用週期調整本益比來做以下幾件事。

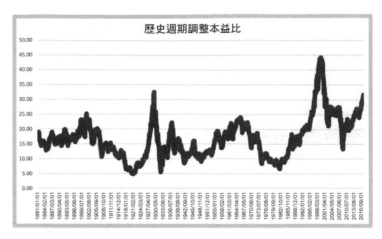

圖5-5　標普500歷史週期調整本益比
資料來源：多重資料來源。

找到好買點

　　各個產業的獲利能力會因為各自的週期模式受到影響。隨著時間過去，不同產業的週期調整本益比會大不相同。但各行各業都會面臨產業氣氛的大幅震盪，從而反映在週期調整本益比上。因此，長線的價值型投資人應隨著時間、審慎地在便宜與昂貴的類股之間做調整，以賺得高額報酬。比方說，巴克萊銀行（Barclays）和席勒所做的研究顯示，自1988年引進週期調整本益比指標以來，若根據產業相對的週期調整本益比重組標普500投資組合，

年報酬率可以超越標普500指數4%。

　　另一方面，貨幣政策非常寬鬆、貨幣供給量大增導致資產泡沫的國家，週期調整本益比多半很高。相反的，沒有太多刺激政策、或者可能有政治或經濟危機的國家，週期調整本益比有時甚至低至個位數。我在寫本書時，全球的週期調整本益比範圍，從俄羅斯的5.6倍到美國的31.55倍不等。對於在全球尋找價值並據以再平衡的人來說，檢視週期調整本益比很重要。如果應用到個股上，效果可能更好。

判斷價值區間

　　如果你想要賺到比不斷再平衡標普500投資組合更高的報酬，而且想要布局全球，你就必須檢視暫時走弱、但狀況仍佳，而且未來很可能成長的個股。所以，成長可能並非來自獲利（因為這一類股目前正遭遇麻煩）、而是來自於購併。畢竟，資產很廉價時能做成最棒的購併交易。

　　同樣重要的是，要在週期調整本益比中，納入經濟成長與發展。例如，中國和亞洲在過去十年以驚人的速度成長，兩國的企業獲利也高漲。但由於過去的獲利很低，導致週期調整本益比指標失準。因此，在使用週期調整本益

比時也要隨之調整，一同分析個股、類股或國家的成長狀況。比方說，你可以檢視上一次經濟或是產業收縮時，獲利下降的幅度有多大，然後把同樣的跌幅套用到以當期獲利得出的未來預期獲利，並據此更動週期調整本益比。這麼做，你就可以得出比單純用週期調整本益比數值來看，還務實的觀點。要保守的話，就要在使用週期調整本益比來計算未來獲利時，假設接下來的十年會出現兩次經濟衰退。

但某些公司沒有十年數據可用，因此可以用較短期的資料來外推獲利狀況，並嘗試估算如果發生經濟衰退，公司的獲利將如何變動。一旦你在週期調整本益比低的類股中找到高成長率，你就知道中獎了。

雖然週期調整本益比只是其中一項估值工具，但它極為重要。因為歷史分析顯示，它在預估未來報酬率上非常有效力。如果資產、類股或市場沒有結構性的問題，在週期調整本益比低時買進資產，能給你很高的安全邊際。畢竟，股市長期的波動性很高，而週期調整本益比是顯示市場估值究竟過高、還是過低的好工具。這項工具很好用，檢視了一般市場、類股或個股的狀況，絕對可以幫你判斷個股的價值區間。

掌握安全邊際

The Margin of Safety

基本上，安全邊際的功能是讓人無須精準
預估未來。

——葛拉漢

用不到一塊錢，買一塊錢

> 價值型投資是一種紀律，在價格大幅低於目前基本價值時，買進然後持有，直到實現更高的價值為止。
>
> ——卡拉曼

　　價值型投資的本質是找到划算的標的，亦即，你要用不到一塊錢的價格買進一塊錢。而找到物美價廉的標的後（這很難找，在目前的市況下尤其困難），下一步就是要判斷安全邊際、或者說相對於尚未被發掘價值或內在價值的折價幅度。當然，折價幅度愈高愈好。

　　安全邊際的重點，是要找到長期虧損機會最低的投資標的。假設一檔股票的價格是5美元，這家公司擁有的房地產價值為每股10美元。我們大可說安全邊際是50％。如果公司的獲利微薄、但沒有負債，長期來說，你投資這項標的不太可能會虧損。因為無論公司表現如何，還是有房地產可以支撐股票的價值。你也許認為，一家房地產價值達每股10美元的公司，股價不太可能是5美元。然而，投資人通常會把重點放在最近的消息上，市場常常變得極不理性。此外，暫時的利空氣氛很可能導致公司的股價以

內在價值打九折。基本上，股價永遠不等於股票的內在價值。

舉例來說，2008年10月，在美國股市交易的近八千檔股票中，有超過一千檔的價格低於其每股現金的價值，這裡甚至還沒算到房地產的價值，只有現金而已！在此同時，很多股票，尤其是新興市場和邊境市場（frontier markets；按：指經濟發展程度較新興市場低，金融市場成熟度和流動性也相對低的資本市場），其交易價格比資產價值低了10％甚至更多，某些公司更有價值極高的房地產。

好處是，市場經常提供這類有著安全邊際的划算標的。然而，要採行這類投資策略需要：

- 紀律，你才不會跟上最新的市場風潮。
- 認真研究市場上每一種投資選項，並對展現出潛力的股票做深度的實質審查。通常，就算股價低於淨值，股票的價位仍為公允定價。
- 願意接受一段時間的績效不彰，因為個股很可能會因為市場氣氛低迷，導致被低估的時間拉長。但只要市場基於某個原因展現出不理性的樂觀，就不會

去管有沒有價值或尋求價值。

- 有耐心，等到時機對了才買進。

多大的安全邊際才足夠？

價值型投資人沒興趣用公允價格買進，不會花一塊錢去買一塊錢。然而，正因為透過折價投資，價值型投資人不太可能承受永久資本損失。畢竟，安全邊際僅取決於你支付的價格。巴菲特有一句關於安全邊際的名言，是這樣講的：

「建一座橋時，你堅持要能承重三萬磅，但你只會開著一萬磅重的卡車過橋。同樣的道理也適用於投資。」

投資時運用安全邊際，本質上是在設限損失的可能性。限制了下跌幅度之後，投資人的上漲機會就更大了，這就是以更低的風險，賺得與市場其他人相同、甚至更高的預期報酬。而在安全邊際下投資的另一項重點，是這項原則在市場下跌時會顯現出其珍貴。此時，企業獲利開始衰退，投資人要的是安全和保障。而有安全邊際的股票，

才能不管短期經濟環境如何變動，都為投資人提供安全與保障。基本面佳的股票，就算股價已經很低迷，在熊市時要再下跌的空間就很小了。

現在，除了已經談過的安全邊際的重要性外，更大的問題是，這個邊際要放到多大？

遺憾的是，我們沒有公式可算，完全因人而異，取決於投資人對於波動幅度的耐受度，以及願意承擔多少風險（相對於潛在報酬）。

然而，你要求的安全邊際愈大，就愈難找到適當的投資。因此，要決定安全邊際應該放到多大，最重要的是你在投資過程中做了多少研究。你有時間追蹤與分析愈多股票，就愈有機會找到有安全邊際的股票。這裡的重點是分析和聚焦。你分析的股票資料庫愈大，就愈便於追蹤。等到股價跌落到你要求的安全邊際範圍時，即可採取行動。因此，很重要的是，要持續比較投資標的，買進安全邊際最大，或是具備催化因子、未來可帶動價值的股票。

然而，要求高安全邊際的問題是，你通常得持有大量現金。雖然持有大量現金本身不是壞事，這讓你看到投資機會時有資本投資，真的能以極低的風險賺到高報酬。但是，持有現金有機會成本，這常會讓人放寬一些投資準

則、並做出錯誤的投資決策。因此，務必嚴守投資紀律，並做必要的研究，有信心時才投資。

　　有一個很有意思的方法可以騰出安全邊際，那就是分階段去做。假設你在安全邊際為20％時，開始買進投資組合中的小部分股票。如果提高到40％，你就買進更多。假如變成60％，你更要加碼買進。透過這種方法，假設你在安全邊際為20％時，僅配置投資組合的1％，你會有時間去了解這家公司，並判斷價值是不是真有其事，以及是否有隱藏風險。

如何找出安全邊際？

　　安全邊際的重點是，就算出現最糟糕的狀況，你也不會虧。後文我會說明三種決定安全邊際的簡單方法（請見工具10、11、12），亦請參考工具3「清算價值」與工具6「衡量內在價值」。在找出安全邊際時，這些也很好用。安全邊際與內在價值的差別，在於相對於內在價值，前者是股票下跌時能提供的保障。

工具 10：每股現金

　　現金是最簡單的決定安全邊際方法。這聽起來簡單到不像真的，但是，有時候公司的股價會跌破其每股淨現金。這種情況並不罕見，因為投資人通常都不知道管理階層有何打算。如果類股的賣壓很強，個股的股價很容易就低於每股淨現金。每股淨現金是從現金與約當現金（cash equivalent）中，扣除負債總額。而約當現金，指的是所有相對容易變現的資產。舉例來說，2007年第三季，蘋果的淨現金部位為1,532億美元。以下的數字說明如何計算淨現金。

表6-1　計算蘋果公司的淨現金

資產	（10億美元）
現金與約當現金	20.3
短期投資	53.8
股權與其他投資（資產負債表中的資產項下）	194.7
總計	268.8

負債	
短期負債	18.4
長期負債	97.2

總計	115.6
淨現金	**153.2**

資料來源：蘋果公司財務報表。

　　若想簡化計算，你可以用淨現金數值和市值相比，或是把淨現金除以流通在外股數。以蘋果公司2007年第三季的狀況為例，流通在外股數為52億股。這樣一來，每股淨現金就為29.4美元，遠低於蘋果當時的股價，但可以用這個價格點，來找出何時落入安全邊際的範圍內。2016年，蘋果股價為每股90美元，從90美元中扣除淨現金，實際上的股價僅剩60美元，可以用這個數值和未來的獲利價值做比較。

　　這裡要提一項重點，那就是要用淨現金來發放股利或執行買回庫藏股之前，公司要先在美國支付海外持有現金的稅金。以蘋果來說，他們持有的現金幾乎全部都在海外。因此，投資人要根據稅率或任何特殊的免稅期（tax holiday），進一步折算蘋果的現金。

　　但是，不是每一檔股票都這麼簡單，計算出每股淨現金就好。如果公司無法獲利，未來還會燒掉很多現金，我們就不能把現金當成安全邊際。比方說，成長型與生物科

技類的公司在進行幾輪募資之後，常會手握大量現金餘額，也使得這類公司看起來好像很便宜。但根據他們燒現金的速度來看，其實不然。

另一方面，市場出現股價低於每股淨現金價值的買進時機，是整個股市充斥著悲觀氣氛，引發強大賣壓、並進一步壓低股價之時。一旦某投資標的有穩健的基本面、營運上具備有利可圖的業務、低負債，以及高於市值的現金，便具有強大的安全邊際。

工具 11：可長可久的股利

我們有可能找到現金高於市值的穩健安全公司，但是這種情況很罕見，只會出現在經濟嚴重衰退期。比較適合的做法，是去查核以公司持有的現金數量以及現金流來看，是否能持續發放股利。

一檔個股可能出現的最糟糕問題之一，就是刪減股利。很多投資人之所以投資某一家公司，是因為股利有吸引力。如果在經濟衰退、或是類股暫時走跌期間，付股利很吃緊、或是要削減股利，很多投資人都寧願持有其他股

票，哪管這可能不是明智之舉。還有，股利殖利率低、甚至為零，會讓投資人無法獲得新發股利的益處，阻礙股利再投資的計畫。對於個股來說，後果可謂嚴重。

舉例來說，奇異（General Electric）自經濟大蕭條以來僅刪減股利兩次。2009年2月27日，公司宣布要削減股利，從每季31美分減為10美分。發布訊息當天，股價應聲下挫，從原本的每股9.28美元跌為8.60美元，跌了59美分，跌幅達6.9%。在之後的一個星期內，跌至低點5.87美元，一個星期就跌掉了37%。這檔股票後來有回

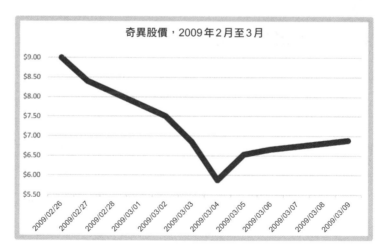

圖6-1　奇異在宣布削減股利後的股價變化，2009年2月26日至3月9日
資料來源：作者的數據。

漲，但這個範例說明了削減股利的衝擊有多大。這是因為，雖然說起來不太理性，但很多人都把股利當成聖杯，這是他們投資時追求的成果。

當中的含意是，如果你要從公司支付的股利中尋找安全邊際，最重要的安全性因素是，股利是否可長可久。而要檢視公司是否持續發放股利，你必須檢查公司可用的現金以及營運現金流，尤其是經濟惡化期間的現金流變化。

2017年11月13日，奇異再度刪減股利，從每季24美分減為12美分。即便這麼做能讓公司更加穩定，但發布

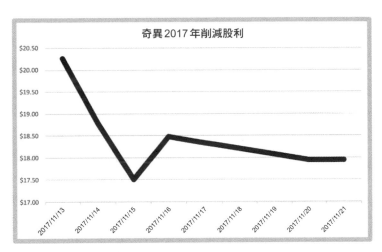

圖6-2　奇異削減股利的股價變化，2017年11月
資料來源：作者的數據。

消息當天，股價也下跌了8％。

2017年11月削減股利，是奇異公司當年面對的最後一擊。當時，奇異的股價已經下滑了44％。一年跌了這麼多，顯示市場已經設想到會削減股利。但是，在發布消息之後，股價還繼續下跌。正因如此，我才會強調，在使用股利當作安全邊際時，最重要的是股利是否可長可久。

但想知道股利能否長久，你必須檢視公司目前的獲利率。而預期經濟衰退會如何衝擊獲利率，最好的方法，是回頭去看公司在上一次經濟衰退或下跌週期時，表現如何。如果利潤率很微薄，就算只是小幅的競爭壓力，都會讓公司有發不出股利之虞，股利方面其實就沒有安全邊際可言。假如公司很穩健，而且業務有護城河，也不會因為景氣循環受到太嚴重的影響，那麼，就可以認為這家公司的股利比較安全，可以提高安全邊際。

就像在檢視資產負債表上的現金時一樣，要問的問題是：管理階層有何打算？如果公司打算把錢花在收購、或用高價買回庫藏股，就不能把現金當成安全邊際。要判斷股利安不安全，追根究柢要知道，這家公司與其所屬的產業狀況如何。即便如此，你還是要用比較挑剔的眼光來看，很多人很容易因為管理階層所說的話、或是公司過去

的優勢而變得盲目，奇異就是很好的範例。

清算價值（參考工具３）

清算價值是最終的安全邊際。如果你能適切估算出公司的清算價值，就算公司出了問題，只要清算價值高於目前股價，你還是可以高枕無憂。重點是，在評估清算價值時要非常保守。這是因為，資產在清算時通常無法以帳面價值出售。

把內在價值當成安全邊際（參考工具６）

一家公司的股價和你算出的內在價值差價愈大愈好。長期下來，股價通常會充分反映公司的價值與基本面。因此，如果好好計算內在價值，內在價值也可以成為安全邊際。一如往常，你要容許出錯，因為評估內在價值時，涉及許多主觀看法。

第七章

尋找護城河

The Business Moat

想要一座我能理解掌握的城堡，而且是一座有護城河圍繞的城堡。

——巴菲特

「質化分析」是選股基本功

在你把重點放在報酬之前，你會想先著眼於風險。而關注風險很多時候是要聚焦在各種不同的情境，看看會發生什麼問題？你會損失多少？

——卡拉曼

你可能會很訝異，看到我在判斷安全邊際時居然討論質化因素。但目前的投資環境已經不同於1930年代了。過去葛拉漢建構策略時，重點是放在會計價值。

而安全邊際可以是新科技的用戶人數、公司的市占率、競爭優勢、品牌強度、管理階層的能力與重心、地緣位置、司法管轄區等等，但不要被質化因素愚弄了。到頭來，最後的答案還是一家公司能創造多少現金、以及你買進股票時付了多少錢，再無其他。然而，重點是，分析企業時，一定要理解、而且要考量到質化因素。

身為價值型投資人，你通常會因為某一檔股票帳面上看起來非常便宜而受到吸引。但是，這些股票這麼便宜多半都是有原因的。在分析股票時，非常重要的是要理解其業務模式，而且也要知道有哪些質化風險。質化風險的形

式可能是法規變革、訴訟、管理階層失能、競爭加劇等
等。

工具 12：判別護城河

有一項無法忽視的質化因素，是你要分析的企業根本
上是否穩定。要做出判斷，需要深入的產業知識，也要能
理解目標產業的趨勢以及消費者行為。畢竟，就算某檔個
股看來很便宜，但如果這家公司正在流失顧客，那如此便
宜就是有理由的。而擁有強大的企業護城河，是安全邊際
的關鍵指標。但要如何判斷一家企業有沒有護城河，並無
精準的工具可用。這是因為如今多數的護城河，都是品牌
優勢所帶來的主觀性特質。即便如此，要分析護城河，最
好的方法是將競爭對手與潛在競爭對手，來和你要分析的
企業做比較。如果你發現這家企業不太會面臨威脅，那就
可能擁有強大的護城河。

巴菲特說，一家擁有耐久的競爭優勢、或說是護城河
的企業，具備以下這些特質：

「一家真正偉大的公司必須擁有經得起考驗的『護城

河』，以此保護已投資資本、並創造出絕佳的報酬率。由於資本主義的動態，任何賺得高報酬的企業『城堡』必定會招致對手不斷進攻。因此，要能長久成功，重要的是要有堅固的防禦，例如：要成為低成本的生產者（像蓋可保險公司〔GEICO〕、好事多），或是擁有強大的全球性品牌（如可口可樂、吉列、美國運通〔American Express〕）。商業史上到處可見『羅馬煙火筒』式的曇花一現公司，他們的護城河是虛假的，很快就被攻破。

我們設定『經得起考驗』的標準，據此排除通常快速且持續變動產業裡的企業。雖然資本主義提倡的『創造性破壞』有益於整體社會，但會造成投資上的不確定性。畢竟，必須不斷起造的護城河，到頭來根本算不上護城河。」

若要判斷一家公司有沒有護城河，我們要檢視以下幾點：

- **是否為低成本供應商**：如果公司一直為顧客提供最低價、且讓人滿意的產品，顧客就不需要轉換成其他品牌了。

- **轉換成本高不高**：這是微軟的護城河。只要多數人都使用這家公司的作業系統而且習慣了，要轉換的

成本就很高。

- **有沒有網路效應**：一旦公司打造出網路效應，擁有超越其他基礎建設的優勢，而且要再打造新的網絡成本極高的話，我們可以認定這家企業擁有強大的護城河。這類網路效應的範例如亞馬遜和臉書。

- **是否有強大的品牌**：比方說，蘋果擁有極強大的品牌，顧客在這個品牌上投注了大量的正向情感。這讓公司的利潤率遠高於競爭對手，也展現了品牌的力量。在可以用極低價格買到各種產品的環境中，品牌優勢更添重要性。

- **是否聲譽卓著**：品質信譽在現今的世界裡無遠弗屆。若結合消費者認知以及業界領導地位，可以讓一家公司成為某項產品的同義詞，想一想Google、Band-Aid（OK繃）、Post-it（便利貼）和舒潔就懂了。

- **有沒有規模經濟**：有些業務需要先做重大的前期投資，才會有未來低成本的供給或生產帶來的報酬。對手知道，一旦這類企業開始營運，經營類似業務打對台將會讓業內所有企業都無利可圖，因此不願意投資。公用事業就是簡單的例子。沒有人會在同

一個地區建置第二套電網。

- **政府是否提供保護**：這可能是到目前為止提過的護城河中，最難解釋的一項。但企業若享有政府的保障，其他廠商勢必難施拳腳。然而，在現今全球化的商業環境下，愈來愈少企業能擁有壟斷、或其他政府保障的地位。反之，政府會盡力避免企業過於壯大。以目前的科技公司來說，這尤其是一項重大風險。

如今，極難像巴菲特一樣，在投資生涯中找到有護城河的公司。因此，不同於上一個世紀，現今持有一檔股票一輩子可能不是那麼好的主意。但在做任何投資分析時，仍一定要做相對的護城河分析。

工具 13：善用搜尋大神

現在只要上網查一下，尤其是新聞相關資訊，就可以輕輕鬆鬆獲得和公司有關的訊息。或是，搜尋一下公司的管理階層，你就能知道這些人是否正直誠實，以及他們過

去是否實踐了自己的承諾。此外，如果知道一家公司使用哪些科技、經營哪個產業，就更能理解其所處的商業環境與潛在風險。當然，假如有第三方提供的資訊，那會更好。同樣也很重要的是，公司如何對待員工、產業觀察家又如何看該公司。人家都知道，如果你請同業中不同公司的人描述競爭對手的優勢和劣勢，就能得出相當精準的環境概況描述。

如果可能的話，實際買進產品，是分析公司質化層面的好方法。產品如果優於競爭對手、會讓身為顧客的你滿意，那就是好現象。有時候，花20美元買一條長褲，讓你打消主意、別買進一家畫了很多大餅的公司，你就不用因為做了壞投資而大虧一筆。

同樣的，檢視網路上的評論也很重要。還有，大家在網路上搜尋哪些產品的Google搜尋趨勢（Google Trend），也可以指向未來的銷售狀況。畢竟，股市分析師和一般消費者的意見總是有很大差異。

工具 14：判斷管理階層的素質

　　管理階層的素質是企業的關鍵。因此，我們必須找出擁有優質經理人、而且他們的利益盡可能和股東利益一致的公司。無論管理階層做了什麼，如果有以下的理由，就要避免投資那家公司，或是至少要有可以消除投資標的風險的高額安全邊際。

　　首先，管理階層控制公司，而非股東。在目前的企業環境中，很多公司事實上並無業主，各種ETF、共同基金和退休金基金都握有一小部分的公司，並無整合的所有權。這導致了許多問題，以至於無法為股東創造出長期價值，例如僅為了追求成長而成長，以及不斷配發選擇權獎勵、卻稀釋了股東利益。

　　其次，管理階層在股價高於淨值時買回庫藏股，這就是他們短視態度的範例。這麼做可暫時推高股價，管理階層也會得到更多的選擇權，但無助於提高股東的價值，僅有想要把股票賣給管理階層的人，才能從中受惠。另一方面，發放股利對多數股東來說更有利，因為發股利讓股東能以較低的股價進行再投資，長期可讓財富明顯成長。

　　同樣的，經理人也常提出一些唯一用處就是動用賺得

資本、並提高自身薪酬的企業策略。至於股東能不能得利，那就很難說了。請記住，管理兩萬名員工的執行長配得的私人噴射機，通常比管理一萬名員工的執行長大兩倍。而經濟環境很好的時候，只要進行一次收購交易，員工人數很容易就可以從一萬名變成兩萬名。考量到股東對於公司的控制權很有限，我們常在經濟轉折向下時，看到很多資產減計的情況。

投資可以很簡單，只要能用公允價格買進擁有優質管理階層的好公司。而且，這種機會一輩子只要出現幾次就夠了。每當發生這種事，你幾乎可以確定自己一定可以勝過大盤，賺得絕佳報酬。我們已經談過，你有很多機會可以用低於公司提報的淨值，買進波克夏海瑟威的股票。由於公司的主事者是巴菲特，我們可以確定地說，他的目標是讓所有股東都受惠，盡可能以最佳的風險報酬率，適當地配置資本。到目前為止，他已經這麼做超過五十年了，足以證明他的誠信。說到檢驗誠信，不用急，就算是擁有傑出管理階層的好公司，其股價也總有一天會被市場推到極低點。這種情況常見於多數投資人被新投資趨勢迷得暈頭轉向之時，比方說1990年代的網路熱，或是2010年代的被動式市場基金。

工具 15：是否有積極人士涉入？

　　當企業陷入麻煩、導致股價大跌（有可能是因為營收下滑或者獲利減少），低股價，加上之前提到股東之間沒有凝聚力，會讓一家公司成為積極人士的目標。積極投資人（activist investor）的目標，是要透過更換管理階層、或是迫使他們做出某些決定來帶出公司的價值。當一家公司身陷泥淖，可以看看這是否成為積極人士的目標，若是，將可提供額外的安全邊際。

　　有一個很好的範例可以說明積極投資人如何運作，那就是賈納合夥公司（Jana Partners）參與全食超市。2017年4月，賈納合夥公司揭露持有9％的全食超市股份，成為該公司的第二大投資人。賈納合夥公司的目標很明確，就是要拉高全食超市的價值然後出售。這種態度逼得全食超市的執行長約翰·麥基（John Mackey）說出以下這段話：

　　「這些人只想把我們公司賣掉，他們認為短期間內可以賺到四、五成的利潤。他們是貪婪的渾蛋，他們在外大舉宣傳，試著毀了我的名譽和全食超市的聲譽，因為這樣做符合他們自身的利益。」

2017年8月，全食超市以27％的溢價賣給亞馬遜。無須多說，這對全食超市的投資人來說是絕佳的安全邊際。

不要賠錢是王道

Do Not Lose Money

第一條規則：不要賠錢。第二條規則：不
要忘記第一條規則。

——巴菲特

工具 16：重點是買價

　　判斷安全邊際的主要因素，是你支付的價格。如果你用過高的價格買進一檔股票，很可能就沒了安全邊際。一檔股票價格低時或許有小額的安全邊際，價格再低一點，說不定就變大了。因此，最好的辦法是，僅投資能提供高額安全邊際的股票。安全邊際愈高，你的投資報酬率愈高，同時風險也會比較低。

　　但要精準決定一檔股票的內在價值是不可能的。因此，最好的做法，是買進安全邊際高的股票，以容下人為的失誤。很多投資理論都以「股市最終必會上漲」作為假設基礎，貶低買進價格的重要性，在牛市與目前的被動指數投資熱潮之下，這種論調尤其明顯。歷史上多次出現同樣的想法（想想1920年代、1960年代與1990年代），但遺憾的是，對於隨意投資股市、不去管買進價格重要性的投資人來說，結局都不太理想。這件事本應不證自明，但我還是要特別強調，並把這列為一項工具，因為買進價格非常重要。

　　股市波動性極高，個股的波動性更高。這對某些人來說是壞事，但是對價值投資人來說是絕妙好事。千萬別忘

記，你要承擔的投資風險，大部分取決於你支付的買價。你買進的價格愈低，報酬愈高、風險也愈低。但這不表示股價大跌的股票，就是好的買進標的。因為，股票會跌通常是有理由的。要注意你支付的價格，這是指你要以相對於內在價值的折價買進。而折價幅度愈大，就是愈好的投資標的。

你愈是有耐心，願意等到股價相對於長期內在價值出現折價，由於市場有波動性，折價幅度就會愈大。此外，你分析愈多股票、計算愈多股票的內在價值，就會找到更多投資機會。

價值型投資的本質，就是以相對於內在價值的折價買進（也因此，你得到了安全邊際）。至於實際上的折價幅度要多大，就要看每一個人的風險報酬偏好。而要決定你要找的折價幅度是多高，最簡單的方法，是檢視企業長期的獲利與內在價值。如果你設定的目標是投資報酬率15％，那麼，當目前的股價使得長期的平均本益比來到6.6倍，你就知道你找到了划算的標的。希望賺到10％報酬率的人，需要的折價幅度就小一點，只要長期平均本益比來到10倍就可以了。我們無法得知市場何時才會發現股票被折算了，因此，重要的是企業真的有在創造價值，

而且與內在價值相比之下，你支付的是折價。這麼一來，就算市場沒有隨即認同這檔股票的完整價值，你也能從中賺得報酬。

然而，要求賺得15％或20％報酬率的問題是，這麼大幅的折價不會經常出現，但確實會有。因此，花愈多時間分析投資構想，就會愈有耐心等待大幅折價出現。此外，具備愈多知識，就能要求與內在價值相對之下的更大幅折價。

關於支付的價格，有一件事常會誤導投資人，那就是假設股價大跌之後的股票，就是以折價交易。然而，股價過去發生什麼事，不應該對你的決策流程造成重大影響，重點是相對於內在價值的折價幅度。這表示，就算一檔股票的價格來到歷史新高，可能還是遭到低估。

別忘了產業趨勢

舉例來說，如果金價之前狂飆上漲，現在正在下跌，就算此時你找到最出色的金礦公司，能讓你的投資組合僅損失80％、而不是90％，也是無意義的作為。在你的決策流程中，產業狀況一定要有一席之地。重點是，要在產

業風險低且上漲潛力高時，投資這個產業。因此，你愈是了解某個產業，你的績效就會愈好。產業百百種，但我們可以設定一套規則，幫助你估計長期的發展狀況。畢竟，市場通常僅聚焦在短期議題。而利用一點常識和長期基本面取向，就有可能善用各種產業的週期循環，尤其是大宗商品。

工具 17：判斷產業週期

投資就跟人生一樣，沒有什麼是恆久的。人類樂見線性發展和穩定性，這是我們的本性，讓我們能在自然環境中生存下來。但投資環境與大自然完全不同。在投資世界裡，你要接受波動性，如果能善加運用，那更好。

大宗商品通常有週期性，我們之前也用銅價為例，看到價格的大幅波動。而在分析大宗商品時，要分析的是產業的平均開採成本與趨勢。畢竟，大宗商品的價格有可能暫時低於生產成本，但不會長久。因為虧損很快就會迫使高成本的生產者縮減產量，而產量下降就會壓低供給，來到較高的新均衡價。然而，只要有人能獲利，很快就會帶

動新供應商，再度啟動循環。每個產業通常都會有循環，在分析景氣循環股時一定要了解。

分析產業時要看的第二項，是長期的供需趨勢。如果供給受限且需求不斷成長，你就找到贏家了。想一想最棒的房地產標的，如紐約中央公園周圍的頂樓房，這類物件的數量很難增加。而如果某個區塊正在成長，比方說新興市場經濟體、或是已開發經濟體中的老年人口，很多企業都會想辦法利用正向的環境。正在成長的產業，就算管理階層不是最棒的，也可以提供另一種安全邊際。畢竟，成長可以帶來安全的報酬。

工具 18：分析衰退對投資的衝擊

就算經歷多年擴張期後，循環看來已不復存在，但世界上每一個經濟體以及經濟體裡的每一家企業，都有週期循環性。根據美國國家經濟研究院的資料顯示，自1945年以來，美國經濟平均每五十八個月就會遭逢一次衰退。因此，即便此時此刻看來不像有循環這種事，但永遠要預期經濟會衰退。所以，在設定公司內在價值的計算模型

時，要考量經濟衰退對於營收、成本、負債和現金流的影響。

經濟衰退時，最重要的是要知道其他投資人通常會恐慌。就因為恐慌，他們會認為暫時性的問題會永遠持續下去，或擔心股價會進一步下跌，因此以極便宜的價格出售手中持股。相反的，經濟擴張時，沒有人預期會出現衰退，但也是同樣的心理糾結，導致大多數投資人高估了股價。

無論如何，都要分析類似的公司在之前經濟衰退時的表現，檢視利潤率的動向，並嘗試計算這些會對公司造成什麼樣的衝擊。如果你正在分析的公司破產的機率為零，那麼，你就有了安全邊際，可以利用這檔股票的週期調整本益比來計算內在價值。由於美國經濟衰退期平均僅為期十一個月，你有時間去分析股票，但也不要等太久，因為市場通常預期景氣會復甦。

如何避開價值陷阱？

價值型股票很迷人，但是大部分到最後都變成價值陷阱。你可以檢視幾個重點，以降低陷入價值陷阱的機率。

價值型投資操作，是找出價值高於你要支付價格的股票，這樣的股票被視為划算的標的。這有可能是因為本益比低、股價淨值比低，或者市場沒有認出其成長性或高殖利率。價值型投資人希望，在市場最後發現定價錯誤，並做出修正、以公允的價格來評價這家公司時，自己能夠賺得利潤。

然而，只因為股票看來便宜、或是大幅跌價就買，風險很高。因為一檔股票之所以變成便宜貨，通常都有好理由。有一些理由會導致股價永遠回不來，例如競爭加劇、缺乏成長、管理問題或產業走弱。如果股價回不來，顯然就變成了價值陷阱。

要避開價值陷阱，說起來容易做起來難，但這是值得討論的重點。因為持有價值陷阱股，很可能會長期鎖死珍貴的資本，對於投資組合來說，是很高的機會成本。而有些問題會製造價值陷阱，理解的話可以幫助你避開。

工具 19：尋找價值催化因子

如果一檔股票的價格低於你估計出來的內在價值，就

應該有安全邊際。問題是，市場很可能沒有體認到價格錯了，導致股票繼續跌。因此，除了找出股票的價值之外，投資人也必須尋找可以引出價值的催化因子。如果近期沒有任何催化因子，這檔股票很容易就變成價值陷阱。

而未來的催化因子有可能是收購、提高或配發股利、獲利成長、營運改善、週期反轉、出售資產、政治觀點等等。重點是，未來很有機會發生某些事件，帶動價值。因此，一定要展望未來，看看有哪些因素會推高股價，或至少能改善基本面。

要找可能的催化因子，可以從一個地方下手，那就是聽聽法說會，檢視產業趨勢、特定市場發展，以及分析基本面的未來變化。

工具 20：避開夕陽產業

除了判斷公司的未來有沒有催化因子之外，很重要的是要看產業現況以及產品的一般前景。極為重要的是，要分析影響產業的供需力道。比方說，世界上的石油量還夠幾代人以低成本開採（這都要感謝新科技），這一點是讓

投資石油可能成為價值陷阱的明顯徵兆。特別是，我們還不知道這個世界多久之後就會轉向電動車。

如果是在成長的產業、或是擁有強大護城河的企業中，發現划算的標的，這檔個股成為價值陷阱的機會就低很多。畢竟，企業環境早晚會改變，如果一家公司身處競爭激烈、而且長期走跌的產業，那麼，其股票就有很高的機率成為價值陷阱。

工具 21：檢視重要內部人士的活動

若股價下跌、但內部人士不斷買進（尤其是中階管理人員），就是員工對公司很有信心的明顯信號。然而，如果賣的比買的多，很可能就是公司狀況不妙、股價下跌其來有自的信號。

你必須謹慎面對內部人士這個面向，因為有時候企業執行長會為了掩蓋麻煩，故意買進股票。因此，重點是看中階管理人員做了什麼，這是因為，對於這些中階管理人員來說，花五萬、十萬美元來買公司股票是一件大事。相反的，公司的執行長就算把一成的薪資拿來買股票，可能

也不算什麼。你可以從某些專業資料供應商那邊，找到內部人士活動的報告，也可以仔細爬梳公司報給美國證券交易委員會（SEC）的文件，裡面會有內部人士交易活動報告。在這方面，公司的年報也很重要，裡面一定會有一個部分，談到內部人士的活動、所有權以及薪酬。要小心，不要把員工根據已生效選擇權買進股票，和在市場上買股票混為一談。請注意，只有在市場上以市價買進，才能算是重大內部人士活動。

工具 22：檢查股利與現金流

我們已經談過，在決定安全邊際時，股利能否長久是重要因素。同樣的，股利能否長久也是潛在的價值陷阱指標，而提高股利則可能是催化因子。

如果公司的產品賣價下滑，顯然公司就沒有足以繼續支付相同股利的現金流。此外，市場痛恨股利遭刪減。因此，只要公司進一步調降股利，就算股價相對於內在價值已經折價，這檔股票還是有可能變成價值陷阱股。

另一方面，美國知名投資人彼得‧林區反而以買進削

減股利的股票聞名。這是因為更妥適的資本管理,未來通常會導引出更佳的財務績效,最後可能會回復股利水準。

要查核股利是否可長可久,關鍵是檢視公司的現金流量表,看看要維持股利水準需要多少現金、公司的營運現金流多高,也要查一下融資成本,以及公司如何維持或發展資本投資。要算出未來可用於發放股利的現金有多少時,這些項目都要查核。

做這類檢測最好的方法,就是先從公司的產品售價開始,接下來查看產品的成本,再分析企業環境如何影響用來發放股利的可用現金流。

工具 23:判斷市場氛圍

評估投資時,行為金融向來很有用。如果一檔股票基本面不變甚至轉好、股價卻莫名其妙下跌,我們可能就找到了划算的標的。有時候,投資人會僅因為某檔個股位在某個國家、或屬於特定產業而賣出,根本不去理解這家公司特有的市場地位。不過,一個國家如果政治環境不好,確實會讓股價長期低迷。

市場有可能極度看多，也可能空頭當道，甚至會持續很長時間。而最早分析市場氛圍的是經濟學家德隆（J.B. Delong）、施萊費爾（A. Shleifer）、桑默斯和瓦德曼（R.J. Waldmann）等人。1990年，他們於《政治經濟期刊》（*The Journal of Political Economy*）發表了〈金融市場上的雜訊交易人風險〉（Noise Trader Risk in Financial Markets）一文，發現抱持錯誤想法的非理性雜訊型交易人會影響股價，而且也賺得更高的預期報酬。非理性交易人的強勢阻嚇了套利型的交易人，讓後者不敢在這種氣氛大舉下注。因此，價格明顯偏離基本面價值的時間會更長。

因此，理解市場氛圍對於判斷投資進場點及預期股票波動幅度來說，至關重要。市場嚴重看空會將股價壓到極低，例如，俄羅斯最大的銀行「俄羅斯聯邦儲蓄銀行」（Sberbank）在2015年以及烏俄危機期間，本益比不到4倍。我在這裡要說的重點是，就算是大公司，也會因為不利的市場氣氛，導致股價的本益比極低。價值型投資人必須做好準備，迎接這類幸好蠻常發生的極為划算機會。（附注：俄羅斯聯邦儲蓄銀行的股價從2015年到2017年漲了5倍。）

工具 24：檢視資產的品質

不要把資產負債表上的數字照單全收，要看看數字以外還有什麼隱藏含意，這非常重要。舉例來說，如果在1994年買進紐約炙手可熱的房地產、而且仍以成本價留在資產負債表上，現在的價值可能遠高於成本。反之，2007年，在人口流失城市裡起造的購物商場，實際價值很可能遠低於資產負債表上顯示的數字。

比方說，在2015年前，荷蘭皇家殼牌（Royal Dutch Shell；紐約證交所代碼：RDS）已經花了超過70億美元探勘北極，欲開採石油。然而，隨著油價下跌，資產負債表上列為儲備與資本化費用的70億美元，一時間就毫無價值。

總而言之，價值型投資總是魅力無窮。而「高股利殖利率」和「低本益比」向來能吸引到，期望這些指標能夠回歸市場均值的投資人。但到頭來，大部分顯而易見的物美價廉標的都是價值陷阱。因此，重要的是要知道你得檢視哪些面向，而且對於不能滿足條件的投資標的，不管看來多麼迷人，都要不畏拒絕。這樣一來，我們看到的划算標的，才會是基本面良好、在具成長性的產業營運且有強

大護城河、未來有許多潛在的催化因子、競爭不強、資產負債表上有實質且優質強健的資產、股利顯然可長可久，而且現價走低無關乎企業本質或其商業環境的公司。聽起來不太可能？接下來就要進一步詳談，如何找到這種便宜的好標的。

成為超值股獵人

How to Find Bargains

如果你不研究公司，你買股票的成績，就
像在打撲克牌時不看牌面出牌一樣。

——彼得·林區

工具 25：從垃圾中找黃金

　　大家都愛滑滑螢幕、找到幾檔廉價股票買進，然後等個一、兩年賺個幾倍這種事。可惜的是，事情沒這麼容易。價值型投資人的處境艱難，被迫從各處去找划算的投資標的、還要更深入挖掘，並設法理解複雜的情境。

　　畢竟，如果用簡單的分析方法就可找出某一項價值型投資標的，對於其他人來說也會是明顯可視的目標，這樣就限縮了折價幅度與潛在報酬。因此，價值型投資人需要研究各種領域，例如企業清算、複雜證券、風險套利、衍生公司（spinoff）、新興與邊境市場。若投資人想找到有利可圖的價廉物美標的，就要檢視以下各項因素。

催化因子

　　找到有催化因子、最後能把估值帶回公允水準的划算標的，可能比單純找到划算標的的更重要。有觸發因子、可以引出價值的好標的，和單純仰賴市場力量的投資項目不同，前者可以加快導引出價值的速度，並加大安全邊際。而催化因子的範例如：企業即將清算、投票控制權變動、

衍生公司、買回庫藏股、資本重組、提高股利、營收成長、轉虧為盈和出售資產。

催化因子可以實現利潤，而實現利潤是最重要的投資因素。催化因子也能降低風險，因為如果根本價值與市場認為的價值之間的落差能快速密合，市場或商業環境再度嚴重惡化的機會就很小。

企業清算

營收、獲利與股利不斷成長的企業很吸引人，如果其股價又低於內在價值，這種企業就可以成為價值型投資標的。但問題是，這種好公司就算沒有被高估，價格通常也處於公允水準。另一方面，進入清算階段的企業通常情況很複雜，很多結果可能都不確定，像是員工結算成本、資產出售價格以及稅務影響等等。這些情境之複雜，使得投資人寧願放手。正因如此，清算企業是尋找划算標的的好地方。

在目前的市場裡，清算很罕見。然而，一旦發生經濟衰退，由於現今很多企業都靠著低利率高額舉債而苟延殘喘，可能就會發生很多破產與清算出售的情況。不過，出

現財務危機的公司成為好投資目標的機率，二十家裡可能只有一家。但找到這一家絕對很值得，因為這會是「低風險、高報酬」的投資標的。如果當中還有任何催化因子，那更好。

複雜證券

一家公司愈複雜，就愈難評估其價值，很多投資人可能連看都不想看。這通常會導致定價錯誤，勤勉的價值型投資人就可以善加利用。會發生這種情況，通常是一家公司有各種股份類別、持有其他公司的權益，或投資複雜的投資工具。

近期有一個定錯價的知名範例，事關雅虎及這家公司持有的17%阿里巴巴（紐約證交所代碼：BABA）股權。就算用美國最高級距的利得稅，計算雅虎在阿里巴巴上的利得，雅虎股票的價格仍遠低於其持有的阿里巴巴股權市值，而這還沒算到雅虎的核心業務在2015年時，現金曾高達50億美元，並持有34%日本雅虎的股權。

這類複雜證券的定錯價範例很多，由於少有人願意安靜坐下來仔細分析企業各部分價值的總和，未來肯定會有

更多定價錯誤。一旦出現大幅的折價，就是價值型投資人出手的時機。

識破會計操弄

一般來說，少有專攻會計專業的分析師或投資人。且讓我們老實說吧，會計（基本上是法律與數字的綜合體）不算很具吸引力的領域。而企業各有不同的會計政策或問題，也明顯反映出這一點。然而，具備會計專業的投資人，能理解會計問題可能造成的影響，或看透正式的會計數字之外的價值。

有個很簡單的範例，可以說明企業管理階層如何操弄會計，那就是一般公認會計原則（Generally Accepted Accounting Principles，GAAP）獲利和擬制調整後提報獲利（pro forma adjusted reported earning）之間有落差。

擬制性獲利會排除管理階層認為非重複性的項目。有一些費用項目，例如裁員成本、法務成本、收購費用、以股票為基準的薪酬成本、和資產波動性有關的費用、資產減計、外幣波動效應、新近開設與關閉店面的遺漏結果，以及和目前營運無關的折舊。管理階層刪除這些雜訊，意

在呈現和核心業務相關的獲利，認為周邊發生的事情不重要。然而，要解釋一家企業的實際狀況，最好的辦法還是你自己去判讀。比如，阿帕契控股公司（Apache Corporation；紐約證交所代碼：APA）在年報中提報了以下訊息：[1]

「截至2015年年底，阿帕契公司提到的當年度淨損為231億美元，換算下來為每稀釋普通股虧損61.20美元。調整過後，阿帕契公司2015年虧損總額為1.3億美元，換算下來為每股虧損0.34美元。持續營業活動創造出來的淨現金約為28億美元，2015年調整後的EBITDA為39億美元。全年資本支出總額為47億美元，若扣除附租約收購、資本化利息、埃及無控制權權益，以及液化天然氣（LNG）與相關資產撤資的費用，則為36億美元。這落在本公司2015年全年財測36億到38億美元區間的低端。」

阿帕契公司的管理階層想辦法將虧損230億美元，調整為虧損1.3億美元，最後甚至還得出正值的EBITDA 39億美元。但不具備會計專長的投資人根本無法理解，這份

1　http://investor.apachecorp.com/releasedetail.cfm?ReleaseID=957024

年報中什麼是真的、什麼不是。遺憾的是，在企業世界，阿帕契控股公司並不是例外，反而是新主流。

此外，會計上的實務操作也會導致很多差異。以下是典型的會計問題：一家公司應該在產品交運給經銷商時認列營收，還是在產品實際銷售給顧客時？還有，各家公司管理階層決定的交易或是帳目名稱也會不同。同一種金融工具，是以成本持有、還是以可交易價持有，都會讓投資人難以理解提報數字背後的實際意義。

會計技能比要從哪裡找投資機會更重要，前者讓你更能理解風險。我要提幾項對於企業有重大影響的風險，比方說或有債務（contingent liability）、退休金義務、較複雜情境的稅務債務，以及隨著營收停滯的應收帳款成長和存貨增加、可疑的資產重估、營收認列等等，這些都是複雜度沒這麼高、但是仍可能發生問題的會計面向。本書的重點不在深究會計錯縱複雜的世界，而是要講你懂的會計愈多，就會是愈好的投資人。

風險套利

風險套利涉及利用暫時的市場無效率，是賺是賠要由

商業交易是否完成來決定，通常指的是合併或收購。

在目前的環境下，風險套利通常和必須要通過重大規範審核的收購交易有關。身為投資人，我們必須檢視風險與報酬。如果一樁收購案無疾而終，風險是目標公司的股價會回到收購前的水準。但假如收購順利完成，股東就能變現賺得報酬。

有時候，收購價仍低於一家公司的內在價值。但這種情況事實上限縮了風險，有可能很快就得出正值報酬率。畢竟，如果最後無法完成交易，很快又會有別人過來接手。

合併交易的風險套利是一種週期性投資策略。如果合併或是風險套利變成很有吸引力的投資方法，價差通常也會跟著縮小，受到這類策略吸引的投資人也會比較少。隨著時間過去，會對使用風險或合併套利方法的投資人有好處。

然而，持有可能被他人以高溢價（相對於現價）收購的公司股票，也有額外好處，而且不用錢。因此，如果你要在兩家類似的公司間做選擇，一家可能成為收購標的、另外一家則不太可能，這就變成很簡單的決定。

衍生公司與IPO

　　另一個對投資人來說，可以找到划算目標的有意思機會，是衍生公司和IPO。由於新掛牌的公司不會馬上被納入指數，這類股票的需求通常不高。而且因為規模小，分析師也沒有動力納入分析範疇。而分到新發行公司股票的股東，多半會賣掉衍生公司股份，因為他們比較喜歡持有母公司。在這種情況下，衍生公司的股價會低到很不理性的水準。

　　以IPO來說，最常發生的情況是，投資人預期能公開發行代表確認公司成功了，但市場卻還沒認可公司的價值，因此公開發行後股價大跌或遭到低估很常見，尤其是成長型股票。然而，如果找到一家好公司，早期投資的價值型投資人可以享有極高的報酬，因為這檔股票總會從市場無人聞問，走到獲得指數納入，以及成為退休金基金的成分股。

　　然而，要投資這些特殊情況，需要具備耐心和紀律。耐心等到機會出現，嚴守紀律去做該做的分析。另一方面，關於要從哪裡找到划算好標的，另一個有趣的選項是小型價值股。

小型價值股／成長股

若要被歸類到小型價值型股，公司的市值必須低於
25億美元，股價必須低於淨值（可能的話，甚至淨值也
要歸類在最小的範疇中）。如果這家公司同時還能成長，
那會更好。

持有小型股有幾項好處。其一，這類公司向來是收購
的目標。一旦發布收購消息，馬上就會帶來報酬。其他的
好處則包括具有成長前景，因為規模小一點會比較容易成
長。對於像我們這樣的選股人來說，公司市值小永遠都是
好事，因為較少分析師會追蹤，甚至根本沒有人理睬。實
質審查最終總會帶來報酬，就算是小型股，只要公司好，
市場早晚也會認同。

從價值層面來看，公司的股價低於帳面價值時，就代
表投資風險很有限。因為如果企業清算或破產，還有足夠
的資產可以償付所有股東。在這方面，重點是要做好實質
審查。畢竟，資產負債表上有大量的固定資產跟大量的商
譽是兩回事。市道艱難時，商譽會減值，因為此時正好證
明了創造出商譽的收購行為是一項錯誤。然而，房地產等
固定收益在資產負債表上則有實質價值。所以，研究公司

時要看到資產負債表以外，理解資產、工廠和設備帳背後的來龍去脈，可以帶來更多好處。你可能會發現，某些建築物早已經全部折舊完畢，甚至根本不在資產負債表上。另一方面，分析師不追蹤的小型公司可以是珍寶，但是你要做很多的研究，勤勤謹謹看透每一檔小型股。

回來談法馬和法蘭區的研究（這兩位教授發展出效率市場假說），他們發現小型的價值型類股表現，勝過多種類型的股票，比方說成長股和績優股等等。

為何小型價值股表現出色？

這個問題有很多個答案，要找到答案，你必須深入探究，但很多分析師都不願意這麼做，因為跟著群眾追蹤大型股輕鬆多了。另一方面，人型投資基金必須等到公司的市值達到大型股的門檻之後，才可以投資。但等到那時，大部分的獲利都已經被賺走了。如果你是投資經理人，你犯了錯，支付過高價格買進一檔大型股，你可能不覺得難受，因為別人也都這樣。但如果你推薦了一檔小型股、但結果不妙，你可能會丟掉飯碗。

最後一個理由是，公司有價值，就會壓低投資風險。

如果一家公司最後的結局不佳，也總有資產可以支應虧損。因此，小型價值股總是會有溢價，最終能創造更高的報酬。

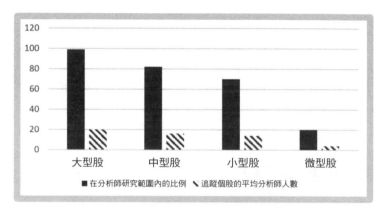

圖9-1　根據市值以及分析師研究涵蓋度，區分股票
資料來源：紐約大學（NYU）達摩德仁教授（A. Damodaran）。

投資小型價值股的問題

投資小型價值股有一件麻煩事，也是很多投資人不想碰觸的問題，就是：小型價值股多半有自己的價格動態，不會和標普500指數同步。舉例來說，2015年，標普500的報酬率為1.3％，小型價值股的報酬率則為 −6.84％。2014年情況也一樣，當年標普500漲幅為14％，小型價值

股僅漲了6.5%。2007年,標普500上漲5%,小型價值股卻跌了8%。當你和鄰居聊天,發現他的投資組合過去兩年漲了30%,你的反倒還跌了,你做何感想?

重點是,小型價值股要先被投資大眾挖掘到,這類標的才會蔚為風潮,也才會獲得市場公允的評價而大漲。因此,投資人可能要等很久並忍受績效不彰(就像2014年和2015年時)。但就像過去九十年那樣,早晚局面會變化。

流動性低、不確定性高和一般人不願意研究小型股,代表到頭來的溢價會更高,創造更高的報酬。準備好投資小型價值股的人,長期下來會得到獎賞。

要找划算標的?放眼全球市場

有一個方法可以找到划算標的,那就是去國際市場上看一看。某些國家的政治環境長期下來會有很大變化,但投資人面對這些情境時通常會過度反應,全數出脫手上和某個國家有關的資產。然而,國際資金外流會對小型股市造成嚴重壓力,尤其金融市場比較淺碟時,問題更大。同理,資金流入會引發熱潮。

政治面的消息，或者貨幣貶值，可能會導致短期波動性很高。如果你擁有的是股票，根本的標的資產永遠會讓你有安全邊際，資產的地點在哪裡都沒有關係。當然，這個前提是資產是有形資產，而非金融資產。例如，在希臘著名的海灘、或是雅典帕德嫩神廟附近擁有一棟旅館永遠都有價值，因為這些地方的觀光客總是絡繹不絕，而且過去兩千年來都是這樣。而要找物美價廉的標的，有一個很好的起點，就是檢視該國的週期調整本益比，網路上通常可以找到（參見 starcapital.de）。

　　另一方面，股票投資中有近鄉偏誤（home bias）的問題，這是指儘管投資人知道在國際上分散投資大有好處，但仍傾向於把投資組合中的最大部分放在本國證券。芝加哥大學的研究人員莫斯克維茲（T. Moskowitz）和柯維爾（J. Coval）發現，美國的投資經理人對於總部設在美國的公司情有獨鍾，這通常導致定價異常。2013年，晨星公司的研究發現，美國共同基金投資人僅將27%的股票，配置到非在美國註冊的基金。但是，非在美國註冊的股票在全球股市中的占比達51%。投資人喜歡自己熟悉的標的合情合理，但是這通常會造成嚴重的定價異常。我寫到這裡時，標普500指數的本益比高過25倍，中國股市

的本益比為7.6倍，兩者天差地遠。對於聰明的投資人來說，這是極大的長期報酬差異，考量到中國經濟的成長速度比美國快三倍，差異更是明顯。

放眼類股，善用市場的短視

要找到價廉物美的標的，第二個地方是要放眼類股。一家公司出現負面消息通常會拖累整個類股，也帶來了很多划算標的。而要看一家公司是不是划算，最好的方法是評估其未來與過去的內在價值，而週期調整本益比有助於判斷一家公司是不是暫時性被低估。

不過，大宗商品有一個部分相對簡單，那就是可以判斷未來的供需狀況，與善用通常都會存在的週期循環。大宗商品價格高會導致過度投資，拉高供給量，最後致使價格崩跌。反之，低價會限制新的投資，早晚會出現供給不足的落差，價格也就跟著一飛沖天。投資圈向來短期導向，評估大宗商品的股票時，通常看的是當前的獲利與價格間的關係，因此認為這類股票波動性極高。價值型投資人可以拿短期循環和長期趨勢來做比較，從中找到極大的安全邊際。比方說，來看看全球規模最大之一的礦業公司

「力拓集團」（Rio Tinto；紐約證交所代碼：RIO），過去十二年的股價波動。

對我來說，一家像力拓集團這樣歷史悠久、且多角化經營的公司，股票居然短短兩年，就從2005年的每股20美元，跌到2008年的不到10美元，但2010年又快速漲破50美元，2015年跌至20美元，然後在2017年又快速漲破50美元，真是不可思議。價值型投資人必須善用市場的短視，把重點放在股價如何隨著類股的循環趨勢而變動。如果想要在進入下跌循環時買進，最安全的選項，是去找

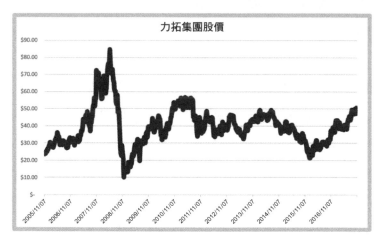

圖9-2　當投資人忘記長期循環，力拓集團股價的波動性就顯得極高
資料來源：作者的數據。

生產成本最低、且負債也低的公司，這樣的公司沒有破產風險。但由於整體類股的利空氛圍，股價可能很便宜。相反的，買進一家負債較高、或是生產成本或採礦成本較高的公司，賭運氣的成分也會比較高。但等到週期循環逆轉時，可能也會帶來更高的報酬，不過這就不是我們講的價值型投資了。

找到物美價廉的標的，是投資中最美妙的一件事，但是你必須要翻開很多石頭才找得到。在百分九十五的情況下，股票便宜都是有理由的。因此，投資廉價股票時要非常小心。

然而，有時候，股票就是很便宜，而且你也找不出到底有什麼問題，這很單純就是因為市場並未看出這檔股票的價值，或是過度把焦點放在短期。問題是，你可能要等很久才會等到市場認同價值。也正因如此，划算型／價值型投資人要具備耐性這份美德。當然，不錯的股利或高報酬通常有助於培養人的耐心。

如何思考錢的時間價值？

投資人應該了解一些非常有趣的行為金融學概念，很

多都會出現在我的下一本書中。其中，我找到一個對價值型投資人來說很有意思的概念，那就是榮獲諾貝爾獎的芝加哥大學布斯商學院（Booth School of Business）教授理查‧塞勒（Richard Thaler）提出的雙曲折現。

雙曲折現指出，人比較喜歡早一點實現的小額獎勵，勝過之後才能得到的大獎。比方說，雖然喜歡一年後得到100元勝過馬上拿到50元很合理，但大部分的人都會選擇馬上拿到50元。這和人類的天性有關，要很努力才能消除這種偏向。但這種偏向在投資環境中卻很常見。

另一方面，很多投資人執著於股利，雙曲折現很可能就是背後的理由。然而，一家公司未來創造出來的價值折現率會高於短期創造出來的價值。舉例來說，假設一項長期專案很久才會完工，那麼，股市參與者在折算這些未來現金流、以及未來會發生的事時，會使用遠高於無風險利率的折現率，再加上股市溢價。

善用這種市場不理性，有可能找到內在價值遠高於股價的划算標的。價值型投資人不用像多數人這麼誇張，使用合宜的折現率就好。一旦長期專案接近完工、明年獲利預估中已經可以看到這些未來現金流，通常股價就會大漲。因此，在這些股票被華爾街短視的人發現之前，你一

定要搶得先機買進。

失控的正向思考

由上而下（top down）的投資，會檢視未來並預測將會發生哪些事。大部分市場參與者都使用這種投資方法，牛市時尤其明顯，因為那時候的重點都在未來的成長性以及可能實現的願景上。比如，2010、2011年，黃金正值牛市，沒有人在擔心成本、負債或是營運效率，而分析師對金礦公司的管理階層提問時，九成都在問他們打算如何擴充產能。市況好時，由於金價高，金礦公司能創造很高的現金流，公司不太會去想發股利這種事，多數的資金都用來從事昂貴的收購，盡可能善用看來會永遠繼續下去的黃金牛市。

要不了多久，金礦業就被潑冷水了。2011年高點時，每盎司金價幾乎達到2,000美元，2015年則掉到1,000美元以下。好景很快地轉為絕望逆境，正值的現金流消失了，成本與負債高到無法管理，資產降價大拍賣變成業界常態。

我用黃金的牛市當成範例，來說明投資人在任何牛市

通常會採行的行為模式。幾年好光景之後，多數投資人會開始預期未來也會是同樣的情況，完全不考慮大環境或是相關企業有哪些面向可能會改變。過去你想得到的所有泡沫，都是這種態度引起的。而最後的結局通常都是大虧，並且對生活造成讓人痛苦的後果。

價值型投資人的做法和未來導向的投資方法相反，後者沒有安全邊際，以趨勢、概念或主題為依據，無從知道股價中納入了多少樂觀期望，因為人不可能去評估未來的基本面價值。然而，價值型投資人不喜歡承擔不必要的風險，因此會使用由下而上（bottom up）的投資方法。

低風險的由下而上選股法

由下而上的投資策略看的不是未來會怎樣，因此應用起來比較輕鬆。畢竟，沒有人知道以後會發生什麼事，而檢視已經發生了哪些事、哪些已經反映在你要分析的公司所擁有的資產上，會降低投資的風險。

這裡的焦點是基本面分析，因此會針對幾項常用數據（包括本益比和股價淨值比）做分析，然後得出公允的個股內在價值估計值。一旦價值遠高於價格，投資人就找到

了划算的投資標的。

　　我最愛的投資機會，是資產的價值夠高，該檔個股因此成為非常安全的投資，而且，長期來說還有機會受到奉行由上而下投資法的人青睞。

　　由下而上的投資法讓價值型投資人能找到安全邊際高、負債低、生產成本可能很低，且管理優質的絕佳投資標的。這是低風險、高報酬投資的完美範例。

　　另一方面，由上而下的投資人會以誇張的價格，賣掉到頭來價格不如他們設想的股票，這一點總是讓我覺得訝異。畢竟，就算成長型公司未達成市場設定的高度成長預期、但仍以更健全的步調成長，此時通常是價值型投資人在成長型與價值型世界一箭雙雕的好機會。

　　要能發揮最大的價值型投資效益，耐心是關鍵。價值型投資人有一項特質，就是他會使用由下而上的基本面方法，分析一檔又一檔證券，只有在找到風險低、且附帶安全邊際的投資時才會出手，也就是說要做到「不管發生什麼事我都不會虧錢」，而且潛在的報酬很高。

　　如果沒有符合條件的投資標的，價值型投資人就會持有現金，靜待市場崩盤創造出新的投資機會。然而，在市況熱絡時冷靜自持、什麼也不做，可能是投資人最難展現

的特質。

　　一旦找到划算的標的，唯一要做的事，就是買進並等待。因此，除了不斷研究公司的資產負債表和年報、大部分時候完全不做投資以外，你必須耐心等待市場認同你找到的價值。根據個人經驗來說，我可以告訴你等待期要持續好幾年。

　　有一個絕佳範例，適切說明了由下而上的投資法。且讓我們來看看美國銀行（紐約證交所代碼：BAC），從2012年到2017年的股價變動。2012年，公司的淨值是每股20.24美元，但2011年時股價甚至不到5美元。2009年之後，法律問題與金融狀況對於多數人來說，仍是很可怕的狀態。投資人悲觀看待這家銀行在低利環境下的獲利。然而，由下而上的投資人會聚焦在淨值、小額股利，以及銀行過去的狀況。如今，過了五年之後，由於美國銀行的獲利與股利雙雙提高，股價已經來到、甚至超越其淨值。重點是，如果公司擁有可觀的有形價值，這些資產也大有機會在未來某個時候創造出優質的獲利。因此，由下而上的投資法永遠有用。

　　有趣的是，現在，隨著美國銀行的股價漲到高於淨值，多數投資人又開始採取由上而下的投資方法來看待這

檔個股，思考升息、降稅、可能提高股利、合併以及其他
樂觀因素的影響，根本不管股票的淨值和安全邊際。

重點是，由下而上的投資法讓你可以用最低的風險善
用市場的不理性。

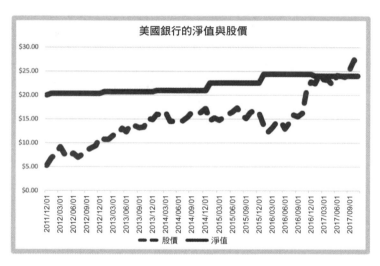

圖9-3　美國銀行2011年到2017年年底的股價與淨值
資料來源：作者的數據。

不要做出蠢事

價值型投資最重要的是保持簡單。一般來說，投資生
命週期很長，期間內可能發生很多事，經濟環境可能多次

變動，估值也會上下起伏。重點是，不要做出蠢事。如果你不了解某個標的，就不要投資。或者，等待下一個你可以理解的機會，開心看著這項標的符合你的風險報酬胃納量，且能幫你達成財務目標。

　　講到人生的財務目標，千萬不要冒任何風險。這表示，不管經濟與金融環境如何變化，你都應該要幾乎百分之百確定自己能達成長期的投資目標。而價值型投資正是達標的重要工具。畢竟，退休、孩子的教育等目標不是可以拿來冒險的事。因此，要有耐心，不要把事情弄得太複雜，一定要自己動腦思考。

PART

III

價值投資工具實戰範例

從實例學分析
Applying the Analysis Tools on Daimler

要知道你持有什麼，也要知道你持有的理由。

———彼得・林區

買進價值股不求人

　　為了找出最適合的公司／個股、以實際應用第二部討論到確實能為你創造最高價值的工具，我必須找到營收波動性高、股價也跟著起伏，但同時長期又能創造價值的穩定企業與強大品牌。

　　前述的工具不見得都能套用在每一家公司上。比方說，週期調整本益比就不能用在剛剛上市、僅有三年財務紀錄的個股上。然而，本書提到的完整工具組已能分析各式各樣的公司。不過，為了要能用到最多工具、盡可能讓大家看到最佳範例，我必須找比較複雜的公司。

　　我找到一家分析起來極有趣的公司，就是全球性的汽車製造商戴姆勒（Daimler）。我會分析這家公司2016年的年報，在該公司的投資人關係頁面很容易就能找到與下載這份報告。[1]在以下的年報資訊分析中，我會一併附上年報頁碼，讓你更容易掌握這個範例。雖然閱讀時不一定要隨時參考年報，但是這麼做必然能得到更好的學習體驗。

1　https://www.daimler.com/documents/investors/reports/annual-report/daimler/daimler-ir-annualreport-2016.pdf

以下演練的重點是，建立一套分析公司的方法，讓你可以輕鬆地做比較，看看當時最佳的投資標的是什麼。此外，在檢視公司時，你也要有根據地去推測折現、公允價值估計值、清算價值、未來獲利、違約率等分析的必備資料。重點是，你永遠要用相同的標準去推測。

評估汽車巨頭的內在價值

工具1：善用價值區間

我在做分析時，戴姆勒的股價為每股77.5歐元，各家分析師建議的目標價格則從55歐元到90歐元不等。其中，有兩人做出賣出評等，一人認為遜於大盤，十四人發出持有評等，七人認為優於大盤，六人提出買進評等。一如往常，分析師的建議都和實際股價相距不遠，和我們要估計的這家公司的長期內在價值沒有什麼實質關係。不過，檢視一下戴姆勒的歷史股價，就會知道無論我們得出的價值是多少，由於其歷史波動幅度極大，未來大有可能看到這檔股票來到這個水準。

分析師得出的55到90歐元目標價區間顯示，我們在分析一檔股票時，也同樣要使用區間，因為要精準達到某個價格水準是不可能的任務。在本範例結束時，我會把所有結果整理成表。現在，第一項工具是用區間、而不是用精準值來思考。

圖10-1　自1996年起的戴姆勒股價
資料來源：作者的數據。

工具2：計算淨現值

　　顧及前一項工具，我們可以從戴姆勒的數據中，得出很多不同類別的淨現值。後文各表顯示的是，用各種不同

的假設折現率與獲利成長率算出的淨現值。

　　計算淨現值時，要做的第一件事情，是估算適當的折現率。學術上的做法，是把企業營運所在國的無風險利率再加2％。但戴姆勒有40％的營收來自歐洲，25％來自中國，14％來自美國，18％來自世界其他地方。而歐洲各地的利率又各有不同（德國為負利率，土耳其則為12％），全球的利率水準更是高低均有，因此必須使用平均折現率。到頭來，折現率的重點在於，你預期從投資得到多少回報。若你在別的地方能拿到更高的報酬率，就應該使用更高的折現率，安全邊際也會愈高。以汽車業的週期循環以及全球曝險來看，且讓我們用10％，來折算企業未來的獲利。

　　第二件事是要估計獲利成長。我檢視了從麥肯錫到埃信華邁（IHS Markit）等公司的市場預測值，他們預估未來十年，全球汽車業的成長率範圍為1.5％到2.6％。如果我用低區間的成長率和10％的折現率，套在戴姆勒的每股盈餘上（目前為8.85歐元），得出的總現值是67.24歐元。

表 10-1　以成長率 1.5％ 和折現率 10％，所算出的戴姆勒淨現值

年度	2017	2018	2019	2020	2021	2022	2023	2024	2025	2026	2027
每股盈餘 （成長率 1.5％） （歐元）	8.85	8.98	9.12	9.25	9.39	9.53	9.68	9.82	9.97	10.12	10.27
折算現值 （10％） （歐元）	8.85	8.17	7.54	6.95	6.42	5.92	5.46	5.04	4.65	4.29	3.96
總計現值 （歐元）	67.24										
目前股價 （歐元）	77.50										
淨現值 （歐元）	−10.26										

資料來源：由作者計算。

如果我把成長率調整為 3％、折現率調整為 5％，淨現值就會變成正值。

表 10-2　以成長率 3％ 和折現率 5％，所算出的戴姆勒淨現值

年度	2017	2018	2019	2020	2021	2022	2023	2024	2025	2026	2027
每股盈餘 （成長率 3％） （歐元）	8.85	9.12	9.39	9.67	9.96	10.26	10.57	10.88	11.21	11.55	11.89
折算現值 （5％） （歐元）	8.85	8.68	8.52	8.35	8.19	8.09	7.89	7.74	7.03	6.83	6.64
總計現值 （歐元）	86.77										
目前股價 （歐元）	77.50										
淨現值 （歐元）	9.22										

資料來源：由作者計算。

現在，且讓我們假設2020年全球經濟衰退，會導致戴姆勒2019年的獲利減少50%、2020年的獲利甚至為負值，2021年則回到與2019年相似的水準，2022年之後回歸正常趨勢。

表10-3　以成長率1.5%和折現率10%、並計入一次經濟衰退所算出的戴姆勒淨現值

年度	2017	2018	2019	2020	2021	2022	2023	2024	2025	2026	2027
每股盈餘 （成長率1.5%） （歐元）	8.85	8.98	4.50	–4.42	4.75	9.53	9.68	9.82	9.97	10.12	10.27
折算現值 （10%） （歐元）	8.85	8.17	3.72	–3.32	3.24	5.92	5.46	5.04	4.65	4.29	3.96
總計現值 （歐元）	49.98										
目前股價 （歐元）	77.50										
淨現值 （歐元）	–27.52										

資料來源：由作者計算。

現在，算出來的現值遠低於50歐元。有趣的是，2016年，戴姆勒的股價確實來到這個價位，在2013年前更是長期低於此水準。這證明有耐性的價值型投資人，早晚都會看到股價來到他想要的價格，根本沒有必要追高一檔股票，因為不時都會出現經濟衰退。

如果容我更保守一點，預估2026年還會再發生一次

經濟衰退，戴姆勒的現值就落入40歐元以下。

表 10-4　以成長率 1.5%和折現率 10%、並計入兩次經濟衰退所算出的戴姆勒淨現值

年度	2017	2018	2019	2020	2021	2022	2023	2024	2025	2026	2027
每股盈餘 （成長率1.5%） （歐元）	8.85	8.98	4.50	−4.42	4.75	9.53	9.68	9.82	5.00	−5.00	5.00
折算現值 （10%） （歐元）	8.85	8.17	3.72	−3.32	3.24	5.92	5.46	5.04	2.33	−2.12	1.93
總計現值 （歐元）	39.22										
目前股價 （歐元）	77.50										
淨現值 （歐元）	−38.28										

資料來源：由作者計算。

　　做這些練習的重點，是要指出：股價估值如何大幅變動，取決於分析師輸入的變數。好消息是，實際上的股價變動通常比你算出來的更大。你可以用相同的方法和假設，把以上算出來的淨現值和其他公司的淨現值比較。但你使用的折現率與預估獲利的年度，要以你想得到的報酬和風險胃納量來決定。

　　此外，如果你追蹤多檔股票，某個時候一定會有一檔股票，在用保守方法計算出來的淨現值之下，成為划算標

的。如果全部都是超值股，那麼，上述工具可以幫助你做出絕佳的分析比較。

假如你比較喜歡使用二十年的未來獲利、或是十年後的最終值，那你計算出來的淨現值將會大不相同，會高一點，但最終要看的還是哪一項投資的安全邊際最高。這項練習的目的，是指出一切都是相對的，不要期望精準。

工具3：清算價值

很難想像戴姆勒這樣的公司要清算。但同樣的，這也是估值的一部分。就算像戴姆勒這樣的公司幾無機率進入清算，但其清算價值也能提供一些有趣的觀點，尤其可用來和其他投資標的做比較。而計算清算價值時，要從資產負債表下手。

我們必須分析每一個帳目，估計清算時的價值。而要找到個別帳目，最好就是去查年報。很多公司都有每個帳目的詳細說明，這是檢視資產負債表（該公司年報第220頁）數字背後來龍去脈的好方法。我們要從非流動資產開始，然後進入流動資產，最後再來看負債。

表10-5　2016年，戴姆勒資產負債表上的資產

戴姆勒資產負債表	（百萬歐元）
非流動資產	2016 年 12 月 31 日
有形資產	12,098
不動產、廠房及設備	26,381
營業租賃設備	46,942
權益法投資	4,098
金融服務應收帳款	42,881
有價債券	1,100
其他金融資產	2,899
遞延稅項資產	3,870
其他資產	667
非流動資產總計	**140,936**
流動資產	
存貨	25,384
應收帳款	10,614
金融服務應收帳款	37,626
現金與約當現金	10,981
有價債券	9,648
其他金融資產	2,837
其他資產	4,962
流動資產總計	**102,052**
資產總計	**242,988**

資料來源：戴姆勒，2016年年報（第220頁）。

非流動資產

有形資產（121億歐元）

戴姆勒使用國際財務報導準則（International Financial Reporting Standards，IFRS）德國保守會計系統，幾乎沒有任何商譽。我在戴姆勒的2016年年報中，找到以下項目（第117頁）：無形資產121億歐元（2015年：101億歐元），其中包括資本化開發成本88億（2015年：78億歐元）和商譽12億歐元（2015年：7億歐元）。

我們可以刪掉商譽、以及多半和開發新車款有關的開發成本。畢竟，真的碰到清算時，公司沒有什麼機會再生產更多汽車了。因此，以開發新車成本為形式的無形資產清算價值可能是零。雖然設計和草圖總是有機會賣出去，但一如以往，還是保守一點。

不動產、廠房及設備（264億歐元）

戴姆勒的不動產、廠房與設備（第245頁）帳目顯示的價值為264億歐元，其成本價為722億歐元，折舊了458億歐元。由於建築物通常會隨著時間增值、但會持續折舊，我們可以估計，戴姆勒的不動產、廠房和設備價值

會高於其提報的數目。另外，因為設備折舊速度比不動產快，加上戴姆勒每年投資新設備的成本不到50億歐元，我們可以假設戴姆勒的不動產、廠房與設備帳下的最大價值都在不動產上。因此，保守估計，我們可以用265億當作公允價值。公允清算價值可能比較高，但是我們應該保守一點。

營業租賃設備（470億歐元）

如果真的發生清倉大拍賣，營業租賃設備（470億歐元）必得折價出售。但折價幅度很可能低於其價值，畢竟轉售價值會因為汽車和卡車的需求降低而下跌。因此，折掉20%的價值是很合理的做法，得出的價值為370億歐元。如果發生像2009年那樣的危機，折掉40%會更適當。

權益法投資（40億歐元）

權益法投資說的是，戴姆勒公司持有其他公司的股權，但並非有控制權的股東。檢視2016年年報的第302頁及其投資報表，顯示戴姆勒公司擁有10%在香港證交所上市的北京汽車公司（BAIC Motor Corporation），該公司

市值為84億歐元。換算下來，戴姆勒的持股價值為8.4億歐元。戴姆勒還有許多類似的投資，但這裡沒有提到。然而，一旦發生經濟衰退，這類景氣循環產業的投資價值很可能僅有帳面價值的50％。這類高風險持股有個很好的範例，那就是2015年成立的雷爾控股（There Holding B.V.）。戴姆勒、奧迪與BMW各持有該公司33.3％的股份（見第237頁），每一位股東都出資6.68億歐元。

就算看到實際出資以及市場價值資料，我還是把整個權益法投資帳的價值至少折掉50％，估計其清算價值為20億歐元。

金融服務應收帳款（430億歐元）

為了做成生意以售出更多汽車，汽車公司自1980年代以來就開始直接貸款給顧客。以戴姆勒賣出的汽車來說，幾乎有50％都是由戴姆勒財務服務公司（Daimler Financial Services）提供融資服務。但經濟衰退時通常有大量顧客違約，一旦發生這種事，再加上利率可能很高，金融服務資產組合的清算價值恐怕比帳面價值低很多。例如，即便2016年經濟一片榮景，但當時被打消的應收帳款也在總應收帳款中占了2.4％（見第251頁）。因此，保

守起見，我會折掉25％，得出的估計值為320億歐元。

有價債券（10億歐元）

有價證券很容易變現，便以市場價值計算。

其他金融資產（30億歐元）

其他金融資產包括其他公司的小額股權。比照權益法投資帳，折掉50％很合理。

遞延稅項資產（40億歐元）

遞延稅項資產只有在未來有盈餘時才有價值。如果要清算，未來盈餘這件事就變成問號，因此要全數折掉。

其他資產（6億歐元）

其他資產大部分是預期政府會退還的稅金相關項。這可以不用折算，因為對政府的應收帳款料無風險。

保守估計的非流動資產清算價值為1,010億歐元，比非流動資產的帳面價值少了28％。

表 10-6　戴姆勒的非流動資產預估清算價值

戴姆勒資產負債表	（百萬歐元）	（百萬歐元）
非流動資產	2016 年 12 月 31 日	預估清算價值
有形資產	12,098	0
不動產、廠房及設備	26,381	26,381
營業租賃設備	46,942	37,554
權益法投資	4,098	2,049
金融服務應收帳款	42,881	32,161
有價債券	1,100	1,100
其他金融資產	2,899	1,450
遞延稅項資產	3,870	0
其他資產	667	667
非流動資產總計	**140,936**	**101,361**

資料來源：戴姆勒2016年年報與作者所做估計。

流動資產

存貨（250億歐元）

戴姆勒的毛利率是20％，存貨的公允價值已經是折算過的值，但存貨的清算價值通常介於50％到75％之間。而戴姆勒250億歐元的存貨不到兩個月的銷量，其中180億歐元已經是最終商品（見第253頁），我們可以預期等到要清算時，最終商品仍有市場需求，可以完銷。因此，我用比較保守的25％來折算戴姆勒的存貨，算出來

是190億歐元。這個折算幅度可能太保守了，但安全邊際抓得太大，總比沒有安全邊際來得好。

應收帳款（106億歐元）

應收帳款中只剩70%還沒到期或沒沖銷（見第253頁）。在22%的應收帳款都已經沖銷的前提下，以50%來折算清算時的價值應該很適合，得出的清算價值為53億歐元。

金融服務應收帳款（370億歐元）

這和前述的應收帳款相同，但差別在於到期日不到十二個月。這種資產的風險比較低，而且銀行一定會爭相搶購。15%的折算率應該就夠了，得出的價值是320億歐元。

現金與約當現金（110億歐元）

現金與約當現金和有價證券清算時，都是以100%的帳面價值計算。

其他金融資產（28億歐元）**與其他資產**（50億歐元）

其他資產大部分是預期政府會退還的稅金相關項，這可以不用折算。因為對政府的應收帳款料無風險，尤其是到期日不到一年的流動資產。

流動資產預估的總清算價值為847億歐元，約為帳面價值的83％。而總資產的預估流動價值為1,860億歐元，約為帳面價值的76％。

表10-7　戴姆勒公司的資產帳面價值與保守預估的清算價值

戴姆勒資產負債表	（百萬歐元）	（百萬歐元）
非流動資產	2016 年 12 月 31 日	預估清算價值
有形資產	12,098	0
不動產、廠房及設備	26,381	26,381
營業租賃設備	46,942	37,554
權益法投資	4,098	2,049
金融服務應收帳款	42,881	32,161
有價債券	1,100	1,100
其他金融資產	2,899	1,450
遞延稅項資產	3,870	0
其他資產	667	667
非流動資產總計	**140,936**	**101,361**
流動資產		
存貨	25,384	19,038
應收帳款	10,614	5,307
金融服務應收帳款	37,626	31,982

現金與約當現金	10,981	10,981
有價債券	9,648	9,648
其他金融資產	2,837	2,837
其他資產	4,962	4,962
流動資產總計	**102,052**	**84,755**
資產總計	**242,988**	**186,116**

資料來源：由作者計算。

接下來我們要來分析理應用帳面價值來計算的負債，而這當中可能還會有更多問題。

負債

接下來，要用負債和戴姆勒的資產預估清算價值做比較。

表 10-8　戴姆勒資產負債表中的負債

戴姆勒資產負債表	（百萬歐元）
非流動負債	2016 年 12 月 31 日
預提退休金	9,034
預提所得稅	966
其他風險預提準備金	6,632
融資負債	70,398
其他金融負債	3,327
遞延所得稅負債	3,467
遞延收益	5,559

其他負債	15
非流動負債總計	99,398
流動負債	
應付帳款	11,567
預提所得稅	751
其他風險預提準備金	9,427
融資負債	47,288
其他金融負債	9,542
遞延收益	3,444
其他負債	2,438
流動負債總計	84,457
負債總計	183,855

資料來源：戴姆勒公司2016年年報第220頁。

清算時，通常用帳面價值來處理負債。但這裡要提一些很重要的投資風險，這些是和退休金義務以及或有負債（contingent liability）相關的風險。

預提退休金

預提退休金帳顯示，一家公司尚未足額提撥的未來退休金義務。預提金額，是用個別退休金基金所擁有資產的公允價值，和預期未來負債的現值相比所得出的。這表示，公司必須用適當的折現率，來計算未來退休金義務的

現值。我們在討論淨現值的時候談過，現值會因為折現率而大不相同。因此，如果一家公司預期其退休金基金未來二十年的年報酬率能達到8%、但實際上僅有4%，差額可能會對公司財務造成極大衝擊。

以戴姆勒來說，這種情況並不嚴重，因為公司使用的折現率為2.6%（見第261頁）。長期來說，這可能還太過保守了。也因此，我們以帳面價值來計算戴姆勒公司的退休金負債。

分析負債時，為免發生意外，還要檢視另一項重點，那就是或有負債。或有負債是一家公司替其他公司的負債所做的擔保。只要另一家公司無法償債的機率不高，擔保（亦即或有負債）就不會在資產負債表上，因此，投資**任何**公司之前，先查閱年報裡是否存在或有負債項目，是很重要的事。

以戴姆勒公司來說，擔保總額為170億歐元，從整家公司來看這個數目不大（見第113頁）。

我們終於來到算出戴姆勒公司清算價值的時刻。資產清算價值預估為1,860億歐元，負債的公允價值為1,830億歐元。這表示，如果要清算，戴姆勒公司的股東幾乎什麼都拿不到，大概每股只剩3歐元。這種結果本身不是壞

事。因為這也表示戴姆勒沒有保留太多閒置資本,而是盡可能有效率地運用,透過高額的股利將資本返回給股東。

　　就算戴姆勒公司的清算價值很低,但我認為它也是很值得分析的有趣公司。在目前的金融環境下,極少有公司能有高額的清算價值。然而,比較分析才是投資決策的決勝點。畢竟,清算價值是3歐元還是－30歐元,風險差別可大了。

工具4:股票市場的價格

　　檢視整體類股現況永遠都是好事。你可能會找到更好的投資標的,或發現整個類股都處於相同狀況,此時類股因子就比影響個別公司的因子更重要。我拿戴姆勒和全球另外五家大車廠做比較。

表 10-9　全球主要車廠比較

公司	Toyoto	通用	福斯	現代	福特	戴姆勒
股價營收比	0.8	0.35	0.44	0.4	0.34	0.49
股價淨值比	1.22	1.48	0.84	0.58	1.58	1.27
本益比	11	9	12	6	12	8
淨利率	6.77%	1.89%	3.04%	4.46%	2.86%	5.86%
股利	1.53%	3.71%	1.12%	2.91%	4.80%	4.60%
負債權益比	0.58	1.59	0.74	0.72	2.95	0.97

資料來源:各家公司年報。

戴姆勒的股價營收比（price-to-sales ratio）和股價淨值比為平均水準，本益比稍低，淨利率則為第二。股利也是第二高，負債權益比的風險則比較低。從整體來看，沒什麼因素可以讓戴姆勒脫穎而出。設計很酷的產品線或許能占時衝高銷量並強化財務，但當市場預期回歸均值，估值就會降低。

一旦這類比較確實顯示一家公司被嚴重低估、而且背後沒有實質的理由，那你很可能就找到了划算標的。

工具5：公司可以賣多少錢？

汽車業很難有公允收購價，因為多數收購活動都發生在某家公司深陷泥淖之時，想一想飛雅特（Fiat）如何拯救了克萊斯勒（Crysler）。或者，福特如何在捷豹和Land Rover這兩個品牌無利可圖時，用比收購價低了十億美元的價格賣給塔塔汽車（Tata）。或是，2009年中國的吉利汽車（Geely）如何收購Volvo汽車，便可見一斑。

然而，福斯汽車2012年收購保時捷剩下的50％股份時，後者是一家獲利豐厚的公司，利潤率也很穩健。保時捷2011年的營收為110億歐元，淨利達14億歐元（資料

來源：保時捷公司2011年年報）。這50％的股份價格為44.6億歐元。換算下來，整家公司的價值為89.2億歐元，股價營收比為0.81倍，本益比僅有6.36倍。數值看來很低，但這就是週期循環性很強的汽車產業估值，長期投資此產業的風險很高。

如果把同樣的比率套到戴姆勒，用股價營收比來算的市值為1,240億歐元，用本益比套在2016年的獲利上，價值則僅有550億歐元。一如往常，在評估公司的價值時，最好用區間來看。我寫到這裡時，戴姆勒的市值為780億歐元，高於私人業主以淨利來算的價值。我們可以預期，市值低於500億歐元時，戴姆勒就會有能提供安全邊際的收購利益。

結合工具4和工具5，我們可以看出，汽車業裡的幾家公司以獲利來看的估值，高於福斯汽車支付給保時捷的價格。從營收估值來看的話，除了Toyota之外，其他都比較低。

工具6：衡量內在價值

衡量內在價值的最好方式，是應用三要素法：過去價

值、獲利價值，以及已投資資本報酬率。

帳面價值

要看一家公司過去創造了多少價值，最好的指標是帳面價值。而用股東權益除以流通在外股數，就可以得出數值。若能檢查過去支付的股利、或是執行過的買回庫藏股，看公司返回多少資本給股東，也是好事。戴姆勒公司2016年年報第107頁顯示，該公司流通在外股數達10億6,980萬股。第220頁指出，可以歸於股東的總權益為579億歐元，把權益除以流通在外股數，得到的每股帳面價值為54.12歐元。但帳面價值不同於清算價值，前者是戴姆勒的會計價值。對私人業主而言，價值可能更高，因為公司的品牌具有極大的價值。

獲利與未來預期報酬率

在這裡，我們要結合工具7「已投資資本報酬率」、工具8「估算成長」，和工具9「週期調整本益比」，來計算戴姆勒的內在價值。內在價值的重點，單純就是所有未來獲利的現值。因此，我們要估計未來的獲利，而這三種工具是估算的重點。週期調整本益比顯示過去的平均獲

利，已投資資本報酬率顯示企業未來的預期成長，一般性的成長概況則可以補週期調整本益比和已投資資本報酬之不足。

且讓我們來檢視週期調整後的獲利，表10-10顯示戴姆勒公司過去十年的獲利。十年的獲利很重要，因為這代表未來出現經濟衰退時，公司的獲利將有何變化、我們又能預期公司歷經完整的經濟週期後，會有什麼表現。

表10-10　戴姆勒公司的十年獲利與平均值

戴姆勒過去十年的每股盈餘，平均值＝ 5.07 歐元										
2007	2008	2009	2010	2011	2012	2013	2014	2016	2016	2017
€3.81	€1.40	€–2.63	€4.28	€5.31	€6.02	€6.40	€6.51	€7.87	€7.97	€8.85

資料來源：晨星公司。

價值型投資人一向保守，由於上述期間的利率極低，對於汽車銷售業務來說極為有利，因此我要調整期間內的獲利。但利率若有改變，消費者要買車就沒這麼容易了。此外，戴姆勒目前在支付債務時面對的是負利率，顯然會扭曲獲利。

但無論如何，平均的每股盈餘為5.07歐元。由於我們預期未來十年內會再發生一次、甚至兩次經濟衰退。我在預估未來獲利時，會使用過去十年的平均獲利當作基礎。

如果我們使用全球汽車業界預期成長率比較低的那一端
（1.5％），來估計戴姆勒未來十年的獲利，就會得到表
10-11。

表10-11　根據過去平均獲利與保守成長率估算的戴姆勒未來預
期獲利

戴姆勒的未來預期每股盈餘，基準值為 5.07 歐元										
2017	2018	2019	2020	2021	2022	2023	2024	2026	2026	2027
€5.07	€5.15	€5.22	€5.30	€5.38	€5.46	€5.54	€5.63	€5.71	€5.80	€5.88
2028	2029	2030	2031	2032	2033	2034	2036	2036	2037	2038
€5.97	€6.06	€6.15	€6.25	€6.34	€6.46	€6.53	€6.63	€6.73	€6.83	€6.93

資料來源：由作者計算。

　　除了獲利、週期調整本益比，與未來獲利的估計值之
外，我們還要透過其已投資資本報酬率，來估算戴姆勒的
價值。

已投資資本報酬率

　　戴姆勒目前以負利率借錢，並用極低的利率把這些錢
借給顧客。其已投資資本報酬率極低，但符合我們估計的
1.5％成長率。

表 10-12　計算戴姆勒 2017 年的已投資資本報酬率

戴姆勒	（百萬歐元）
平均十年淨利	5,004
短期債務	56,830
長期債務	99,398
股東權益	59,133
已投資資本報酬率	2.32%

資料來源：由作者計算。

　　如果不用歷史平均值、改用 2016 年的獲利，就會讓已投資資本報酬率提高到 3.96％。但這就沒這麼保守了。因此，我們預期戴姆勒未來將以 2.3％的速度，讓資本複合成長。總資本（股權與長、短期負債）為 2,150 億歐元，預期每年的獲利為 50 億歐元（2.3％乘以 2,150 億歐元），之後的獲利成長率為 2.3％。這和上述情境中，用汽車業界預估成長率估計出來的平均獲利值相當。

計算內在價值範圍

　　現在，內在價值的數值要取決於折現率。或者，簡單一點，要看未來預期獲利的估值（本益比）。我寫到這裡時，戴姆勒的本益比為 7.88 倍，週期調整本益比為 14.02 倍。至此，內在價值就變成純粹的個人議題了。如果你希

望每年的報酬率為10%，你就要用本益比為10倍。20%的報酬率本益比要用5倍，5%的報酬率使用的本益比則是20倍。且讓我們用本益比為10倍來計算內在價值，這也轉化成10%的折現率。

表10-13　假設100%獲利均用來支付股利，戴姆勒要達到10%
　　　　　盈餘殖利率的現在與未來內在價值

以本益比為 10 倍算出來的戴姆勒內在價值										
年度	**2017**	**2018**	**2019**	**2020**	**2021**	**2022**	**2023**	**2024**	**2026**	**2026**	**2027**
獲利（歐元）	5.07	5.15	5.22	5.30	5.38	5.46	5.54	5.63	5.71	5.80	5.88
股價（歐元）	50.70	51.46	52.23	53.02	53.81	54.62	55.44	56.27	57.11	57.97	58.84
年度	**2028**	**2029**	**2030**	**2031**	**2032**	**2033**	**2034**	**2036**	**2036**	**2037**	**2038**
獲利（歐元）	5.97	6.06	6.15	6.25	6.34	6.43	6.53	6.63	6.73	6.83	6.93
股價（歐元）	59.72	60.62	61.53	62.45	63.39	64.34	65.30	66.28	67.28	68.29	69.31

資料來源：由作者計算。

同樣的，我們可以把未來獲利的現值加起來，計算出內在價值。

表10-14　使用10%折現率算出來的戴姆勒內在價值

以 10%的折現率計算出來的戴姆勒二十年期間內在價值										
年度	**2017**	**2018**	**2019**	**2020**	**2021**	**2022**	**2023**	**2024**	**2026**	**2026**	**2027**
獲利（歐元）	5.07	5.15	5.22	5.30	5.38	5.46	5.54	5.63	5.71	5.80	5.88
現值（歐元）	5.07	4.68	4.32	3.98	3.68	3.39	3.13	2.89	2.66	2.46	2.27
年度	**2028**	**2029**	**2030**	**2031**	**2032**	**2033**	**2034**	**2036**	**2036**	**2037**	**2038**
獲利（歐元）	5.97	6.06	6.15	6.25	6.34	6.43	6.53	6.63	6.73	6.83	6.93
現值（歐元）	2.09	1.93	1.78	1.64	1.52	1.40	1.29	1.19	1.10	1.02	0.94
內在價值加總（歐元）	**=**			**54.43**							

資料來源：由作者計算。

我們計算內在價值，最後很精準地算出帳面價值54.12歐元、估值價值50.70歐元，和內在價值54.43歐元。不過，得出投資標的內在價值只是整件事中的第一部分，第二部分是要在有安全邊際之下買進。

掌握安全邊際，避免畢業出場

投資的重點不只是要算出內在價值，也要嘗試在有安全邊際時才買進。如此一來，萬一我們計算的內在價值是錯的，也不至於虧損、或者至少可以限縮損失。以下的工具可以幫上忙：

工具10：每股現金

一旦股票市場崩盤，例如2002年或2009年，就可以運用每股現金這項工具。畢竟，市場一片大好時，基本上找不到股價低於每股淨現金的公司。但檢查一下每股現金，可以看出一家公司穩不穩定，以及實際上創造了多少現金。像蒙格和巴菲特就會說：「你會希望投資滿手現金

的公司。」且讓我們來看看戴姆勒有多少現金。

2016年的資產負債表顯示，戴姆勒的現金與約當現金為108億歐元（見第220頁）。如果把這個數字除以流通在外股數10億6,980萬股（見第107頁），得到的每股現金餘額就是10.1歐元，這是股價的13%以上，也給了我們很有趣的結論。而現金可用來從事收購與投資，也可以返還給股東。

另一個要加入的項目，是戴姆勒公司持有的短期有價證券，這些都是可以快速變現的資產。帳上顯示有96億歐元，換算下來是每股8.98歐元。把這兩項相加，得到每股19.1歐元，超過股價的26%，金額很高。但我們要問的問題永遠都是：公司如何運用現金？只要是有效的用途，擁有現金不是問題。而且，現金水準愈高，股票的安全邊際愈高，因為管理階層可以加發股利，調降股利的風險也比較低。

工具11：可長可久的股利

要檢查股利是否可長可久，我們可以檢視一下目前的每股現金值，以及每年創造出來的現金流。以戴姆勒公司

來說，我們從之前的計算練習中得出，2016年的每股現金為10.1歐元。

戴姆勒2016年的淨利為84億歐元，每股股利為3.25歐元，總共要付給股東34.7億歐元。以2016年來說，看來可以持續發股利，因為公司的每股現金足以發三年的股利，而股利支付率也不過才34%。

然而，我們也要檢視長期的股利持續性，查看一家公司遭遇經濟衰退時，現金流有何變化。戴姆勒公司僅把營收的2.3%拿出來發股利，但一旦營收出現任何意外，就算很小，都可能影響到股利。戴姆勒公司在2012年前，甚至有不發股利的歷史。

因此，儘管短期來說，戴姆勒公司的股利看來可長久發下去。但只要一出現衝擊，很可能就靠不住了。這會導致股價大跌，為耐心的價值型投資人創造機會。

工具12：判別護城河

以戴姆勒來說，這一題很簡單：戴姆勒沒有企業護城河。沒錯，戴姆勒在豪華車市場占有一席之地，品牌也很強大。但是，任何車廠都能與之競爭。我們也已經看到特

斯拉跨入豪華轎車的市場，擾亂了電動車的環境，迫使戴姆勒加快電動車開發計畫，投入大量資金。

工具13：善用搜尋大神

我在Google鍵入「Daimler scam」（戴姆勒詐騙），就得出了很有意思的資訊。比如，最近《財富》雜誌登出的文章〈戴姆勒因被控柴油排放作假而遭傳喚〉（Daimler Summoned Over Diesel Fraud Claims），以及《電訊報》（*Telegraph*）的報導〈戴姆勒因有毒排放物，召回數以百萬計的柴油車〉（Daimler recalls millions of diesel cars over harmful emissions）。光是這兩項出現在Google搜尋結果首頁的資訊，就可以防止你犯下很多投資錯誤。我們不敢說，戴姆勒不會像2015年的福斯汽車一樣、哪一天也陷入「柴油門」（Dieselgate）的問題，或是不會再有其他成本高昂的召回事件。但重點是，這些資訊可以幫助你整合觀點。畢竟，發生代價不斐的醜聞，會拉低戴姆勒的安全邊際。

工具14：判斷管理階層的素質

要分析管理階層的素質，有一個好方法，是去讀一讀舊年報、或是去找企業過去對股東所做的簡報。這些都會放在公司官網中的投資人關係頁面。比如，我就找到了一份2013年的簡報資料，簡要地說明戴姆勒到2020年之前的目標。[2]管理階層的目標之一，是營收的策略性報酬率要達10％。2017年，全球經濟大好，戴姆勒在歐洲仍適用負利率，營收的報酬率卻僅有6.5％。這表示要持保留態度看待該公司管理階層設下的目標。

工具15：是否有積極人士涉入？

戴姆勒的現金充沛，再加上目前的估值很低，可能會引來一些積極的投資人。但該公司的股權77％掌握在法人手裡，其中有34％為德國法人，而且可能和德國國內政治牽連很深。因此，一般人很難進入戴姆勒的董事會，我們認為不會有太多人想要積極涉入戴姆勒。

---

2 https://www.daimler.com/dokumente/investoren/praesentationen/daimler-ir-automotivecreditconference-20130516.pdf

工具 16：重點是買價

　　要說明何謂在有安全邊際的條件下投資，以及支付的買價有多重要，最好的方法是檢視其內在價值，然後與未來可能的股價相比對。我把戴姆勒過去二十年的股價動態複製到未來，並以目前的價格為基礎，然後拿來和我們算出來的內在價值做比較。

　　安全邊際的重點，是要在一家公司相對於其內在價值出現高額安全邊際時才投資。如果戴姆勒的股價複製過去

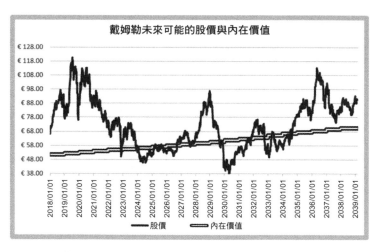

圖 10-2　戴姆勒未來可能的股價與內在價值
資料來源：由作者計算。

的動態，與內在價值相比，價值型投資人有機會在2024年以20%的折價買進，2031年有35%的折價，2033年則有25%的折價。

只要你僅在折價時才投資，就可以限縮風險並提高報酬。關鍵是要有耐心並追蹤多檔股票。你追蹤愈多股票，由於不同個股、類股和國家的價格波動有很大的差異，你長期下來更有機會找到與內在價值相比之下，具有安全邊際的划算標的。如此一來，你就能在達到比較高的折價幅度時才投資。

為循環做好準備

我們已經算出了內在價值，也討論了安全邊際，但故事還沒結束。很重要的是，我們也要分析可能影響公司價值的外部因素。

工具 17 ＋工具 18：分析產業的週期性

汽車產業的週期和自然的經濟循環之間有很強的相關

性。因此，我在這部分會把工具17和工具18結合在一起。一家公司的景氣循環非常重要，因為，不管喜不喜歡，多數投資人和分析師在分析一家公司時，都會把現況複製到未來。這表示，像戴姆勒這樣，在經濟擴張期間通常獲利很強勁的公司，到了經濟衰退時可能就會變成糟糕的標的，因為分析師會檢視暫時性的虧損並納入模型裡面。比方說，2009年金融危機時，戴姆勒的股價曾跌破20歐元，因為分析師都聚焦在2009年淨損26億歐元上，而不去看這家公司的長期優勢。

由於經濟環境的本質，經濟一定會有衰退之時，因此，務必要思考市場在衰退時如何看待你分析的公司。你很有可能用與內在價值相比之下的極大折價幅度，買到這檔股票。如果你用十年期間來看估值、股價與內在價值，就會知道金融市場波動極大。以戴姆勒為例，股市崩盤時總是有可能跌掉至少一半，請記住這一點。

學會避開地雷股

工具 19：尋找價值催化因子

如果你假設戴姆勒確實有價值，那麼，有哪些催化因子可以引出價值？從本益比的角度來看，此時這家公司被嚴重低估，戴姆勒發放的股利比市場高了兩倍。（戴姆勒的本益比為8倍，股利殖利率為4%；標普500指數的本益比為26倍，股利殖利率為1.8%。）

戴姆勒的問題是，多數人預期未來幾年經濟會衰退，嚴重衝擊戴姆勒的獲利和股利。另一方面，電動車這項催化因子其實也算不上催化因子，因為戴姆勒要花高額的資本支出才能開發新車款、建設造車的基礎建設，然後再把車子拿到競爭激烈的市場中銷售。

有一個或可引出戴姆勒公司價值的催化因子，是美國政府調降營利事業所得稅。這家公司預料可因為降稅，而從淨利當中省下18億歐元的利得。[3]這或能轉換成更高的股利，推高股價。

3　戴姆勒公司2017年12月22日特別發布新聞稿〈投資人關係訊息〉。

在尋找催化因子時，重點是找到催化因子出錯時損失有限，但真的變成利多時上漲潛力無窮的投資標的。在這個時間點，以戴姆勒來說，即將發生的經濟衰退確實影響了其風險／報酬情境。

工具20：避開夕陽產業

這部分就比較幸運了，由於新興市場的需求持續上揚，再加上經濟成長，未來汽車預料將會成長。另一方面，雖然現在看來機率不大，但如果共享經濟大行其道，很可能會減緩汽車的需求。

工具21：檢視重要內部人士的活動

德國網站finanzen.net顯示，戴姆勒公司內部並無重大內部人士活動。此外，戴姆勒集團設置的績效虛擬股份方案（Performance Phantom Share Plan）正在運作中（見2016年年報第255頁）。其中，管理階層領的是現金薪酬，而非股份。現金薪酬指向並無重要內部人士活動、也無大量持股，反之，管理階層的退休金債務金額就很高，

而且可能會引發一個問題：管理階層的激勵誘因是在中、短期盡量把股價推高，還是真的會把重點放在為股東創造長期價值？有時候，短期和長期目標並駕齊驅，有時候則分道揚鑣。

工具22：檢查股利與現金流

股利是否能長久，多半要看會不會發生經濟衰退。但經濟衰退總會捲土重來。一旦股價在熊市與經濟衰退期間大幅跌至內在價值以下，想投資景氣循環股的人很可能就會出手。而戴姆勒的股價在過去兩次熊市衰退期，曾下跌超過70％。因此，我們可以期待未來還會有類似狀況。

工具23：判斷市場氛圍

以目前的環境（2017年年底）來說，市場氛圍非常正面。

然而，從圖10-3可以明顯看出，市場氛圍的擺盪幅度極大。2013年4月，戴姆勒的股價為39歐元，2014年4月跳到71歐元，2014年10月又跌到56歐元，2015年3月

圖 10-3　戴姆勒股價，2013-2017
資料來源：作者的數據。

再漲至93歐元。接著，2016年6月之前又跌了45％，後面漲了40％，然後又再跌20％與漲20％。由於戴姆勒的股價對市場氛圍非常敏感，你很有機會等到股價大幅跌落到內在價值以下，浮現高額的安全邊際。

工具24：檢視資產的品質

計算清算價值時，我們已經分析了戴姆勒資產負債表上的資產，但有必要從產業觀點再檢查一次。戴姆勒的資

產折舊率很高，我們可以說，戴姆勒的資產不會有什麼讓人意外之處。負債算是很公允，他們使用的退休金負債折現率非常低。

多少可以進場？

重點是，要清楚知道價值是多少、以及何時才算低風險投資。表10-15摘要我們找到的資訊。

表10-15　投資標的資訊摘要

工具	數值	工具	說明
分析師得出的價值區間	55-90 歐元	週期循環性	強
現值	49-83 歐元	催化因子	稅賦
清算價值	3 歐元	產業	成長
私人業主眼中的價值	50-120 歐元	內部人士活動	無
內在價值	50-54 歐元	股利	有週期循環性
每股現金	10-19.1 歐元	市場氛圍	易受影響（壞的）
對管理階層的信任度	50%	企業護城河	無
未來可能的價格	38-50 歐元	網路搜尋結果	風險高
結論：等待經濟衰退，有 20%到 40%的安全邊際			

資料來源：作者的數據。

對於預期長期盈餘殖利率為10%的極保守投資人來說，戴姆勒的公允價值約為50歐元。每股現金可以在這50歐元之上再加10歐元，公允價值就來到了60歐元。但以其週期循環特性、股利風險、市場氛圍風險、沒有企業護城河，以及無所不在的醜聞風險來看，應該要等到價值大幅低於內在價值時才買進。因此，一旦股價來到40歐元，戴姆勒就能提供小額的安全邊際，並且很可能帶來雙位數的報酬率，這對價值型投資人來說就是很有意思的投資了。但是，這並不表示一旦戴姆勒的股價來到40歐元，就自動成為買進標的，因為價格很有可能來到比內在價值低20%的水準。如果真的來到這種價位，必須再拿這檔股票和其他市場機會相比較。畢竟，長期價值型投資要能獲利，就必須挑選風險最低、折價幅度最大，與催化因子最可能實現的機會。

PART

IV

多重策略，攻守兼備

第十一章

打造資產翻倍計畫

Portfolio Activities

> 想成功管理投資組合，挑戰不僅是要做出
> 一連串個別的好投資決策而已。
>
> ——卡拉曼

到目前為止，我們在第一部談到了成為價值型投資人要具備的邏輯和必要的心態，第二部則談了重要工具。在第三部中，我們將工具應用到戴姆勒公司，第四部則算是一種驚喜。第四部要強調，現代明智的投資人不能僅著眼於價值型投資，還要檢視很多面向。如果我們希望在當前的環境達成財務目標，還有很多概念也可以降低我們的風險並提高報酬，但那些都不是價值投資的核心工具。然而，世上最著名的價值型投資人，比方說巴菲特和卡拉曼，都會經常用到那些工具。這一部的主題包含價值型投資人應如何從事交易、怎麼再平衡投資組合、何時該出售部位、現金流管理、因時制宜的分散投資和全天候投資組合與投資黃金等等，最後我會以我個人的投資故事作結，希望能對你有所啟發。本章的重點，在於如何降低風險、同時又能提高潛在報酬。你會看到後面好幾章都重複出現這個主題。

高手的法則

投資人如果依賴其他人來推動投資組合決策，那就沒

有承擔起最基本的信託責任，即設計出能滿足特定目標的投資組合。

——耶魯大學投資長大衛·史雲生（David Swensen）

每一個人的投資目標和期間都不同。此外，風險胃納量、用來作分析的財務工具等等也會因人而異。因此，除了找到合適的價值型投資標的之外，很重要的是要做好投資組合管理。另一方面，這裡也要介紹一項對價值型投資來說，很有爭議性的方法：交易。

要管理投資組合，就不可能永遠都不做交易。畢竟，投資標的不斷變化，基本面會改變，股價會上漲，利率也會變動。因此，投資是持續性的流程，投資人必須在適當的分散投資、避險決策、管理投資組合現金流和流動性之間，達成平衡。就算是巴菲特也要不斷做交易，再平衡投資組合，找出風險報酬概況最佳的部位。

價值型投資人做交易，動機並不是想從股價的變動中獲利。以價值型投資人來說，做交易是為了獲得適當的流動性，透過合宜的分散投資來管理投資組合風險，並再平衡各個投資組合與調整類股曝險程度。

管理投資組合的流動性

流動性低的投資標的應該要獲得合宜的補償。流動性低，指的是需要付出高額成本才能結清部位的投資標的。具備流動性，讓我們可以在對同一項投資標的想法不同時改變心意，脫手出清。然而，買進流動性低的資產，很可能沒有機會出售。而預期流動性低的期間愈長，投資標的愈可能出錯，代表風險愈高。舉例來說，創投的投資人都要面臨一段長短不確定的無流動性期間，以及投資事業結果的不確定性。

除了投資組合的流動性之外，思考市場的一般性流動性也很重要。市場穩定時，買什麼或賣什麼通常不是問題。但當市場恐慌，牛市期間的流動性很快就會消失，因為賣方會急著脫手、買方則等著價格進一步下探。為了避免困在流動性低的投資標的上，知道自己的流動性限制是多少、並據此投資，是很重要的事。

有幾個方法可以管理投資組合的流動性。比方說，持續注入新資金到投資組合裡一定會有用，因為這樣投資人就可以穩守一些還會增值的低流動性投資，而且也不會錯過新的投資機會，從而降低機會成本。此外，長期投資人

也可以在不用承擔過大壓力之下，持有流動性低的投資標的，不過他們必定會因為流動性低、而要求更高的報酬。

降低投資組合風險

投資並不光是找到好的標的就夠了，同樣重要的還有分散投資組合、適當的避險，以及管理投資組合現金流。當然，每一種投資標的都有自己的風險。而投資組合的管理目標，是要能降低投資組合的整體風險，就算個別標的風險高一點也沒有關係。

適度的分散投資

適度的分散投資絕對有助於降低投資組合風險，這不代表要持有太多檔的證券，通常持有十到十五檔證券，就稱得上適度的分散了。

多數的價值型投資人，像是卡拉曼，都反對過度分散與指數型投資。他們認為，對幾檔股票知之甚詳，會比對很多股票都知道一點的風險更低。巴菲特的名言是，在相同風險水準之下，一個人最好的投資概念所創造出來的報酬率，很可能高於他想出來的第一百個概念。

此外，持有彼此無相關性的資產，以及現在看來很平

凡、但會因為經濟變化而大幅受惠的資產，可以進一步強化分散投資的效果。在之後談到全天候投資組合以及金礦公司時，會再詳談這部分。

交易的重要性

對價值型投資人而言，唯一的重點就是價格。我們知道，市場很不理性，有時候會高估一檔股票的價格，有時則讓人有機會以極低的價格買進個股。因此，價值型投資人必須做交易，才能善用這些機會。

最好的方法，是列出直接了當的清單，寫明你持有與追蹤的投資標的，以利一季更新一次。這樣一來，價值型投資人就能換掉基本面不變，但股價上漲、風險因而提高的股票部位，換成其他比較划算的標的。而要做到審慎評估現況，價值型投資人必須緊貼著市場，跟上市場脈動。

許多長期投資人都會奉勸大家不要做交易，而緊盯著市場也和價值型投資理念相衝突。然而，跟上市場現況並不代表價格每動一次就要做交易。相反的，緊貼市場，只是為了善用市場不理性時浮現的機會。

沒有人知道股市會怎樣，明智的做法，是不要一次就把所有部位買滿。一次就買齊所有部位，很可能迫使你只

能眼睜睜看著股價續跌，完全無力買進更多。透過小量買進，投資人得以在下跌市場中壓低平均成本。一旦股市反彈，你就可以在高價時賣出你長期買進的股票，以管理投資組合風險，並將部分獲利落袋為安。長期下來，這些大約和安全邊際相當的小額交易利潤，可以滾出可觀的投資報酬。

多數交易型的投資人不會建議壓低平均成本，他們會要你趕快賣掉虧損的股票，守住勝利。但是，若股票的基本面價值分析顯示這是一檔好投資，真正的價值型投資人會在股價下跌時滿心歡喜、多多益善。如果你不想多買，那你就是在投機，很可能根本就不應該持有這檔股票。而說到投資組合管理與交易，也帶出一個問題：何時應該賣股？

瞄準最佳的賣股時機

> 我靠著早早脫手賺錢。
> ——華爾街孤狼伯納德・巴魯克（Bernard Baruch）

買股很簡單。一檔股票的價格如果大幅低於其內在價值，因為有安全邊際之故，你不會出錯。另一方面，賣股完全又是另外一件事，也是投資時最困難的任務之一。

隨著股價上漲，安全邊際也在縮小，風險提高，潛在的報酬也下降。但你永遠也不知道，這檔股票還會不會飆高。因此，有一條可供遵循的好規則是，所有的投資都要在價格對了的時候出售。

當然，賣股決策也會受到特定時間點、市場上的其他因素所影響。如果你找到的是很好的划算標的，就算還沒有完全實現價值，為了換取更價廉物美的投資而賣股，也是明智之舉。但假如市場上沒有這麼多好投資，就沒有理由賣出你手中股價仍低於真實價值的股票。

而知道何時該賣股，可以讓你在挑對股票時鎖住報酬，挑錯股票時限縮損失。最重要的是，避免在股票還有潛力翻倍、甚至漲更多時，就因為小賺而出脫。

金融市場瞬息萬變。不僅利率會變，企業的獲利很可能忽然出現驚喜或驚嚇，類股也會因為競爭太過激烈而出問題，國家也可能步入經濟衰退。除此之外還有許多要考量的因素，得要用掉一本專書才能講完所有賣股理由。但我還是要摘要一些可決定賣股時機的最佳策略，希望能提

供你新工具，以降低投資風險、提高報酬。

永遠謹記買進的理由

要知道何時該賣股，最簡單的方法，就是記住你一開始為何買下它，然後持續把基本面的變化和股價的變動拿來做比較。

舉例來說，假設2010年時你買了波克夏海瑟威（紐約證交所代碼：BRK.A、BRK.B）的股票。理由是你認為，當時的股價淨值比1.35倍是很安全的投資。因為我們都知道，等到股價淨值比來到1.2倍，巴菲特就會買回庫藏股。買進時，你說無論如何，等到股價淨值比來到1.5倍時，你就會賣股。

2014年，波克夏海瑟威股票的股價淨值比來到了1.5倍。因此，你賣出股票，等到2015年股價淨值比再度回到你可接受的範圍時又買回。到了2016年年底，因為股價已經被高估，你再度賣出。

要知道何時該賣股，最簡單的方式就是拿基本面的變動和股價的變化做比較。你可以使用各種不同的基本面指標，包括營收成長率、股利殖利率、本益比，以及其他通

用、無關乎股票類型的指標。這是設下紀律並限縮風險的賣出策略。

畢竟，投資人很容易對某檔股票興奮過了頭，時機對了也不賣，以致回吐所有的獲利，甚至還倒賠。因此，在從事價值型投資與管理風險時，不應該考量你個人的興奮之情，紀律是關鍵。

除了基本面之外，還有其他也可構成賣股的理由。比如，有些正面的觸發因子可能會帶動未來幾個月的股價，像是推出新產品。然而，如果產品不如你或市場的預期，

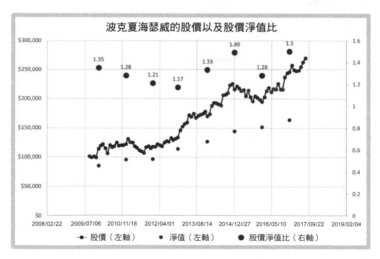

圖11-1　波克夏海瑟威的股價以及股價淨值比
資料來源：作者的數據。

吞下一些損失把股票賣掉是對的。因為環境已經改變，內在價值也跟著下跌了。

投資組合再平衡

如果你持有的是全天候投資組合，那麼，買進或賣出部位的最重要理由就是再平衡。舉例來說，由於金價上漲，你投資組合裡的黃金資產曝險部位比重也大增。在這個時候，很重要的是要降低這類資產的曝險程度，以保持投資組合風險權重的平衡。還有，由於黃金資產波動性高，你得經常再平衡投資組合。

另一個進行再平衡的理由，是因為某檔個股的風險過高。如果你的投資組合通常有十檔個股、並能維持風險平衡，那麼，每一檔個股的權重應該介於5％到15％之間。假設其中一檔占投資組合比重10％的股票價格翻倍，它在投資組合裡的比重就變成了18％，大大提高曝險程度。由於這檔個股的風險比重過高，加上股市無奇不有，因此，縮減這個部位可能是聰明的做法。當投資組合裡有很高的比例集中在單一個股，但這檔股票只見價格上漲、卻不見基本面有何改變時，尤其如此。

坦伯頓的「更好標的」原則

本書中提到的前兩項賣股策略很直接了當，但第三項就有點複雜。股價總是上上下下，如果你只因這檔或那檔股票看起來好一點而不斷交易投資組合，會衍生出高昂的交易成本，侵蝕掉全部的報酬。

後來，我從美國知名投資人坦伯頓身上找到因應這個問題的最佳策略。他只有在另一檔股票比前一檔好50%以上時，才會換掉投資組合中的持股部位。

舉例來說，如果你認為兩檔股票的真實價值皆是100美元，而第一檔的股價是50美元，第二檔是40美元。把兩檔股票的差價10美元除以比較便宜股票的股價，我們可以算出來第二檔股票只便宜了25%。但如果第二檔股票的價值跌到30美元，差價變成20美元，現在第二檔比第一檔便宜了66%，這時賣掉比較貴的股票、改買進比較便宜的，就是好事。

像坦伯頓提出的簡單交易規則，有助於你養成成功投資人必備的冷靜以及紀律。

自動停損機制

投資人若要使用停損機制，必須是它本來就是策略中的一環。因為停損機制有時會讓你贏，但也可能害你輸。當股價跌落某個目標價以下就自動執行交易單，這麼做的好處是，萬一股價進一步下跌，你可以避開更嚴重的虧損，也可以幫你消除要賣掉跌價股票的心理障礙。

至於缺點，那就是股票下跌很可能是暫時性的，突破你設定的損失限額之後又大幅回漲，漲破你一開始的進場點。在這種情況下，雖然你最初的策略是對的，但你也只得到損失紀錄而已。

巴菲特和卡拉曼等投資人都認為，使用停損機制是瘋狂的行動，根本不是限縮風險的工具。卡拉曼說，股價下跌時賣股非常不理性。如果投資人一開始買股根據的是適當的價值分析，股價再下跌僅代表這變成更划算的標的，拉低平均成本將可以提高報酬。卡拉曼認為，由市場決定你何時賣股根本是瘋了。

然而，如果停損機制契合你的策略，那就用吧。但還是要記住，價值型投資人通常不設停損機制，因為一旦他們做足實質審查、而且僅在出現高額安全邊際才買進，價

格下跌時只會買進更多。

達成財務目標

這是我最欣賞的賣股理由，也是和股票分手時最讓人開心的理由。如果你的目標是要存到一定數目，以便在某個年齡退休，或者投資是為了買房或環遊世界，或是已經存夠錢付得起孩子的學費，那麼，賣股就是聰明的事。因為股市波動性高，總是會出現意外。如果你的錢夠了、距離目標的時間也很近了（比方說，僅剩不到五年），那就是很好的賣股機會，讓你的風險降到零，好好享受人生。

總結投資組合管理這個主題，妥善的投資組合管理確實有助於我們善用市場的不理性行為，讓我們用很便宜的價格買進，並在回到公允價值時賣出。而跟著市場也讓我們可以做好分散投資，有效降低風險並提高報酬。

第十二章

投資兩大護法：避險和防護

Hedging and Protection is Also Valuable

如果你想要針對未來可能的通貨膨脹避險，並採取長期觀點，那麼，黃金仍是很好的標的。

——美國避險基金經理人約翰·鮑森
（John Paulson）

6大避險策略，黑天鵝亂舞也不怕

分散投資無法緩解市場風險，但透過避險可以降低風險。很多人都不理解避險也是一種投資，和其他標的一樣，也有價值和價格。每當價格低於價值，就可以在有安全邊際之下買進。因此，運用在一般投資上的原則，也可以應用到避險。我會提幾種長線價值型投資人可以善用的避險類型。

在深入討論技術面之前，我要先提一個重點，那就是避險是很重要、卻經常遭人忽略的投資策略。避險的原則，是持有和投資組合的資產類別變動方向相反的標的，從而保障投資組合免於遭受損失。比方說，如果你擁有標普500的投資組合，那買標普500指數的賣權，就能在市場崩盤時為你提供保障。到了那時，賣權價值的漲幅應會等同於標普500的跌幅，你不會有任何損失。

然而，避險的問題是，這些標的通常不是免費的，而且還有到期日，畢竟長期避險的成本很高。但善用一點常識，理性的投資人仍能找到很有意思的投資／避險標的。避險的美好、但弔詭之處是，牛市與經濟擴張期間，避險標的通常很便宜，因為那時根本沒人想到要避險。機會主

義型的價值投資人甚至可以在那些時候，找到免費的避險機會。

#1：最好是無相關性資產

最常見的避險就是分散投資，但要做到分散，代表要持有無相關性的資產。一般人認為，合宜的分散就是持有標普500，而極度的分散投資則是持有債券與股票。然而，事實上，股票和債券是同向變動，但和利率反向。例如，自1982年以來，利率不斷下滑，壓低了投資人要求的報酬。也因此，從房地產到股票與債券，大部分的資產價格都上漲。如果你想要獲得分散投資避險的好處，應該要去找無相關性的資產。我會在討論全天候投資組合時，再詳談無相關性資產投資。

#2：持有防禦性資產

我們都知道，經濟體和金融市場都有週期循環，而債務通常會推波助瀾。在某個時候，消費者和企業槓桿操作幅度過大，負債的成本變成了重擔，拖慢了經濟活動。而

經濟可能從減速變成溫和衰退到嚴重衰退不等，最終結果要視情況而定。

比如，2008年的經濟減速演變成嚴重的衰退，全球金融體系陷入混亂。自此之後，各國央行不斷挹注流動資金到系統裡。然而，下一次的金融危機可能更嚴重，我們唯一可以期待的，就是央行繼續開出他們已經在用的藥方：印更多錢。

我說這叫「印錢」，正式的名稱則是量化寬鬆，操作方式包括調降利率、增加信貸、提供租稅扣抵，以及在金融市場裡買進資產。

我們很簡單就能得出結論，指向各國央行在下一次衰退時將會「盡其所能」（引用歐洲央行總裁馬利歐・德拉吉〔Mario Draghi〕2012年所說的話）挽救局勢。另一方面，央行行動上的可預測性為理性投資人提供了絕佳機會，針對政府印更多錢先做避險。

而要規避量化寬鬆的風險，最好的標的是供給固定的資產（例如貴金屬），供給固定的房地產（像是土地），以及供給固定且需求穩定的大宗商品。

雖然黃金中、短期的波動極大，但從長期來說，則和貨幣供給大有關係。金價過去十五年來漲了約六倍，接近

聯準會資產負債表膨脹的倍數。

說了這麼多，並不是指投資人僅應持有黃金或避險標的，而是點出投資人應抱持開放心態，檢視市場上可能會出現哪些能提高報酬與壓低風險的狀況。

#3：用長期固定利率貸款，打敗通膨怪獸

讓經濟學家大為意外的是，量化寬鬆政策居然沒有導致高通膨。然而，通貨膨脹這種事總是不時會出現，隨時可能爆發。而且，有可能的情況是各種產業都已經發生通貨膨脹，只是還未嚴重影響到官方報告的通膨數字。但這確實會讓你的支出大失血。想一想醫療保健成本、學費、房價或股票，就可見端倪。

針對通貨膨脹做避險，和針對量化寬鬆做避險很相似，但還有另一種絕佳的通貨膨脹避險工具，那就是固定利率貸款。由於所有政府都會設定通膨目標至少為2%，3%則是他們樂見的平衡點，長期的固定利率貸款是很好的抗通膨工具。如果把這筆錢拿來投資可提供穩定殖利率、隨著通貨膨脹上漲的硬性資產，那又更好。這部分已經超越本書的範疇，但它是很好的思考素材。

#4：善用「一籃子貨幣」

多數人把自家貨幣視為理所當然，但適當的分散投資要包括長期間可以自然達成平衡的貨幣避險與曝險部位。有一件事常被忽略，那就是美元與一籃子其他全球主要貨幣相比之下，過去三十年來已經貶值40％。

貨幣的週期循環通常以幾年為期，因此最好的策略是擁有分散得宜的國際投資組合，然後根據貨幣的強弱勢及投資的安全邊際重新調整權重。

強勢美元對美國經濟沒有好處，早晚都會造成衝擊。

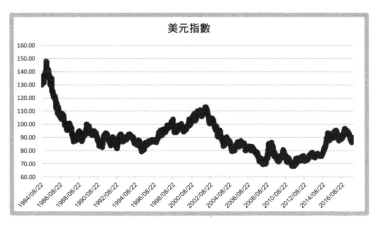

圖12-1　過去三十年美元指數大幅下滑
資料來源：聯準會經濟數據。

不過，理性投資人可以善用美元走強，便宜買進國際資產。之後，一旦外幣相對於美元進入長期走強週期，就必須將國際資產再平衡。

#5：持有終極避險工具「現金」

我們已經談過，價值型投資人向來會握有大量的現金緩衝部位，而這也是一種避險。現金是終極避險工具，因為握有現金，你就能在出現好機會時採取行動。但在投資組合中持有大量現金要很有耐性，並堅守紀律，只有在報酬率達到一定水準時才投資。

舉例來說，假設一個分散得宜的投資組合報酬率為10%，持有投資組合的理性投資人有25%的部位放在現金、或流動性高的短期證券，例如美國國庫券。如果盈餘殖利率跌到7.5%，此人說不定會想賣掉一些價值相對被高估的資產，把現金部位比重提高到35%，或是維持在25%。

若投資組合的長期殖利率漲到15%（股市崩盤時常會出現這種情況），這位理性的投資人很可能大幅調降現金部位，善用機會買進划算標的。

#6：用選擇權，兼顧獲利與避險

有些人說選擇權是好東西，有些人則抱持相反意見。但重點是，是好是壞完全要看選擇權的價格而定。常有的情況是，市場認為特定資產並無風險，這時用來保護這種投資的選擇權就會很便宜。比方說，資產的價格被高估時，就常會看到這種事。因此，理性投資人或許可以善用選擇權，來替過去已經大漲、目前價格被高估的部位做避險。如果價格便宜的話，在資產走跌時，提供保障的選擇權就是很好的保險。而且，市場的波動幅度愈低、投資人愈是志得意滿，選擇權就愈便宜。

在調整投資組合時賣出賣權或掩護性買權（covered call option），在某些環境下也是很有用的策略，但這已經超越本書的範疇。

提升資產防護力，不怕多空洗禮

總結避險這個主題，避險就像其他投資標的一樣，因此必須應用相同的原則。很重要的是，要理解避險的成

本、並針對避險仔細算出可能發生的結果。如果你從投資組合的風險報酬來看，發現某種避險選項很便宜，善加利用並非什麼瘋狂之舉。

此外，也有本身可以創造出超額報酬的避險工具。舉例來說，我總是以黃金作為投資組合的避險工具，而我持有的是金礦公司證券。當然，如果我可以找到以低成本開採銅礦和金礦、或是未來會生產銅礦，而且目前被市場大幅折價的礦業公司，那會更好。利用這種方式，黃金可以保護我抵禦金融市場的動盪。而且，就算金價下跌，我還有銅可以對抗通貨膨脹。

我堅信，長期來說，絕對有可能在每一種避險工具都有安全邊際、且能以殖利率（比方說低成本金礦公司發放的股利，或是外債的利率）創造價值的條件下，打造出避險得宜的投資組合。這樣的投資組合，再加上適時的再平衡，長期下來應能壓低風險並提高報酬。

避開價值陷阱

Avoid Value Traps

維持小規模是很好的業務模式。如果我們
必須提出廣泛但淺薄的投資概念，對客戶並不
公平。市面上沒有這麼多好公司。

——美國價值投資先驅威廉·魯安

（William Ruane）

價值型投資人遭逢最大的危險之一，就是價值陷阱。畢竟，如果一檔股票很便宜，九成都是有理由的。我不會強調這一章有多重要，但我希望能提出一些概念，讓你知道如何保護自己，不要陷入價值陷阱，也不要接看起來金光閃閃、別具吸引力的刀。

給左側價投者的十大教戰守則

　　絕對不要嘗試去接刀，等到落地之後再去撿。同樣的道理也適用於正在跌價的股票。

　　上面這段話，點出追求划算以及只買物超所值標的等原則，常會導引投資人試著去承接落刀股。要承接落刀股，除了避開價值陷阱，還有其他更複雜的面向。因為這和個人以及市場的心態都有很大關係。我希望，以下的十大規則可以幫你提高報酬與壓低風險。就算沒有其他收穫，也能防止你投資看起來很划算、但之後會變得更便宜的標的。

　　快速下跌的股票在市場裡被稱為「落刀股」，熊市期

間，整個股市就是一把大型的落刀。然而股票會跌的原因百百種，可能是低於分析師的預期、產業出問題、會計帳有問題、投資氣氛轉為負面、法律問題，或諸多潛在的負面衝擊。

接落刀策略背後的期待，是想要在證券被超賣、真實（內在）價值遠遠高於被壓低價格時買進。這種條件常有，因為投資人很不理性，對於負面訊息多半反應過度。

人的思維傾向不是全好就是全壞，這表示，人會因為一項負面消息就認為狀況不好，完全忽略其他利多訊息。想一想你上一次虧錢的情況就知道了。就算你虧掉的只不過是所有財富的一小部分，也會讓你當天快快不樂。而上述情況很可能對於股票造成不理性的衝擊，讓這檔股票變成物美價廉的投資。

#1：走弱是暫時性的還是結構性的？

想要接刀，第一條規則就是要找出，產業走弱是暫時性，還是結構性的問題。例如，成長型產業走弱多半是暫時性問題。因為它們為了因應不斷成長的需求，導致供給過度與供給不足的問題交替出現，造成短期失衡。但是，

有結構性成長的產業很快就能解決這類問題，個別的投資長期下來也會有好表現。然而，如果產業已經在結構上出問題，像是目前的零售業，就只有幾檔股票會反彈，其他都會繼續再跌。

#2：擺脫認知偏誤

諾貝爾獎得主、也是《快思慢想》（*Thinking Fast and Slow*）的作者康納曼說，接刀時，投資人的行動多半是出於直覺，而非理性的分析。畢竟，股票價格快速變化時，人們通常也會快速思考要如何因應，這是人類天生就有的「戰鬥或逃跑」機制。在這種時刻，人不會花時間去收集與評估新資訊，以針對情境做出理性決策。

此外，「定錨」（anchoring）效應也常常導致人的投資決策出錯，指人會以過去的價格水準為基準。你在計算價值時很難避免以過去的股價為準，因為這也是人的本性。

還有，投資人常自認自己的見解很特別，覺得這些想法讓他們擁有超越同儕的優勢。然而，唯有比同業做更多研究的分析師，才能達到這種境界。如果不是，要體察到

這種過度自信的傾向。

講到落刀，最重要的因素或許是市場基本上變幻莫測。我們可以試著預估一家公司未來幾季的獲利，但除了這些以及公司提出的財測之外，要再預測更多就很難了。但人的本性是依有限資訊快速做出抉擇、且會簡化事物，因此，投資時要小心，不要陷入這個陷阱。

所以，買進快速下跌的股票之前，要先分析自己的行為。比方說，你是不是直覺上以過去的價格為準，才買下這檔股票？你是不是非常重視整個局面中其實沒這麼重要的部分？你是否有能力精準估計企業與產業未來的基本面、或者至少比市場裡其他人做得更好？除非你的答案為「否」、「否」、「是」，不然就去看看別的機會吧。

#3：理解短期超賣與長期趨勢的差異

華爾街的老調是千萬別接刀。然而，如果每個人都遵循不接刀的規則，由於總是有賣方因為壞消息而出手拋售，但買方就這麼多，那麼，一檔股票理所當然很快就會超賣，股價也就不理性地超跌。也因此，在某個時候一定會浮現好機會。

以我的經驗來說，我會說最重要的事就是要仔細分析公司。慢慢來，不用急著買進，而是分析類股的動態，檢視分析師與投資人著重的是什麼，並試著估計未來的消息會比預期更好還是更糟。

#4：成為類股專家

投資世界並不如看起來這麼廣大，通常一檔股票都只有幾位分析師在追蹤而已，小型股更是明顯。因此，只要比領薪水的分析師投入更多心力分析某個類股，你很快就能在競爭當中領先。至於新手投資人，華爾街看起來或許是無法攻破的城堡。但你愈是了解這個世界，你就愈能看出投資其實沒這麼深奧，勤勉的價值型投資人可以找到立足點。舉例來說，由於華爾街從小型股上賺不到太高的手續費，這類股票通常沒有太多人研究，因此更是切入點。

深入一檔個股或產業，讓你可以看到華爾街分析師看不到的面向。這裡也要提一個重點，那就是年輕的菜鳥分析師通常負責比較沒有吸引力的股票。

#5：管理風險

　　謹慎管理風險，考慮可降低風險並提高報酬的買進選項。你對於公司的了解，應該能讓你做出適當的內在價值估計，但務必要在計算時，設想到負面趨勢可能延續下去。這是因為，像營收下滑或利潤率下跌這類負面消息，很快就會壓低你之前算出來的內在價值。

#6：假設負面趨勢會繼續下去

　　你在計算內在價值時，要試著假設萬一負面趨勢延續下去的話，股票的內在價值將會有何變化。如果這檔股票目前的價格已經低於你算出來最糟糕情境下的價值，很可能就是可買進的標的。

　　另外還有一件事也很重要，那就是你要知道接刀這種策略不是線性的。因此，如果你做得對，可以創造出極高的報酬。但一定要知道你會犯錯，你的估計值也可能出錯，這非常重要。在這方面，最好的補救方法是分散投資，並在股票無法滿足你所有條件時說不，還有，要求大幅的安全邊際。

#7：分散投資

就算你的命中率只有50％，但如果能輔以適當的分散投資，報酬率應為正值。假設你買了十檔落刀股，在這十檔當中，有五檔隔年翻倍、兩檔持平、三檔變成壁紙。就算你買對股票的機率僅有50％，你的報酬率仍達20％，這是很出色的績效。

這會壓低你的風險並提高報酬率，因為你的最大損失為100％，但上漲潛力無窮。

#8：堅守策略，不要剛起漲就賣股

要把分析上漲股票的原則應用在這裡，才不會太快脫手。畢竟，好消息常常會愈滾愈大，很多投資人都感染到興奮之情，你得以賺到極高的報酬。所以，不要剛起漲就賣股，而是等待股價來到你的內在價值，尤其有利多消息時，更要等待。因為接刀是風險很高的策略，預期報酬率應該也要很高。太早賣掉你的勝利組股票、緊抱著輸家不放，很可能賺不到正值的報酬。

一如以往，你要先分析自身的行為，之後才是分析股

票和類股。只要這檔股票還大有機會延續漲勢，請善加利用。

#9：學習說不

還好，市場裡有很多股票和機會，學習在市場裡說不，是非常有價值的事。你可能會少賺一些報酬，但也不至於大賠。

#10：尋找大額的安全邊際

最後一條規則對任何投資來說都很重要：你要尋找價值和安全邊際。如果在最糟糕的情況下，比方說經濟衰退、執行長與投資長等高階主管離職、發生會計醜聞或是削減股利等等，股東的價值仍遠高於目前股價，那就放手買吧！

投資最重要的事

　　重點是，若要接刀，我們要付出相當的時間與心力，分析自己在相關情境中的行為，就像我們理性分析情境時那般努力。只要了解自己、也清楚你分析的公司，將可以提高命中率，這正是投資裡最重要的一件事。

第十四章

扭轉績效的理財超思考

Food for Thought

> 每當你發現自己和大多數人站在同一邊，
> 就該停下來反省了。
>
> ——美國文學家馬克·吐溫（Mark Twain）

投資世界不是只有價值投資

要做出好的投資，要遞延很多滿足感。

——蒙格

在本書這一部分，我想要提一些我認為極具吸引力、而且能創造出讓人滿意的風險調整後報酬率的投資策略。若把它們和價值型投資結合，效果更好。

畢竟，價值型投資多半聚焦在找出遭到低估的特定股票，但通常錯失了大格局，看不清楚不同的投資標的如何納入投資組合，以及怎麼滿足不同的人生需求。而在這一章，我會談到四個非常有趣的主題，我真心認為它們可以和價值型投資策略相輔相成。首先，我會綜合達利歐的全天候投資法，說明投資時檢視經濟環境也很重要。因為經濟環境在我們的投資生涯期間一定會改變，也會影響我們持有的部位。

其次，我從分析巴菲特的投資活動當中得出一個新概念，我稱之為因時制宜的分散投資，這說盡了巴菲特過去五十年來的投資作為。很多人在投資管理上要面臨稅務限制，或是為了長期的被動收益而投資。因此，這是一套可

以結合價值型投資的美妙策略。

再來，塔雷伯是我最喜愛的思想家與投資人，也是《黑天鵝效應》（*The Black Swan*）的作者，他在書裡提到一些很有趣的投資概念，比方說極端世界（extremistan）、平庸世界（mediocristan），為一般說來屬於平庸世界的價值型投資法，增添了很多價值。他的研究極有意思，因為他證明了極不可能發生的事其實也可能發生，投資人應該要注意這一點。

最後，我還會討論黃金投資，作為這一章的結束。雖然巴菲特從來不愛黃金，但達利歐和卡拉曼都將投資組合的一大部分投資在金礦公司上。

針對不同環境的全天候投資法

全天候投資組合的主要目標，是要在每一種經濟情境下都能盡可能壓低風險，同時持續創造出讓人滿意的風險調整後報酬。

如果我們總結經濟體中所有可能發生的狀況，可以用四種情境涵蓋一切：經濟的成長高於或低於預期，通貨膨

脹高於或低於預期。綜合起來，就有四種可用上全天候投資組合的經濟環境。

圖14-1　所有可能的總體經濟情境

高於預期的部分： 經濟與通膨 **建議投資的項目：** 新興市場股票與公司債、 抗通膨債券、大宗商品、 黃金和房地產	**高於預期的部分：** 經濟 **低於預期的部分：** 通膨 **建議投資的項目：** 已開發市場股票與債券、 政府公債、房地產
低於預期的部分： 經濟和通膨 **建議投資的項目：** 長期公債、現金	**高於預期的部分：** 通膨 **低於預期的部分：** 經濟 **建議投資的項目：** 抗通膨債券、新興市場債券、 黃金、白銀、大宗商品

資料來源：橋水基金（Bridgewater）。

從1980年到2017年這段期間，由於通貨膨脹低、利率低再加上經濟成長，股票表現很好。但沒人知道未來三十五年的經濟環境會如何。持有能長期創造報酬且彼此無

相關性的資產，並適時再平衡投資組合、以有利資產取代不利資產，就能以更低的風險，達成讓人滿意的報酬。

而打造全天候投資組合時，要在每一種可能的情境上都配置25％的投資組合風險。這是通用理論，若要說明這套策略，最好的方法就是解釋，如何在某個時間點打造這樣的投資組合。

而媒體常說的全天候投資組合，是股票占30％、長期債券40％、中期債券15％、黃金7.5％，與大宗商品7.5％。但這種策略一開始就是錯的，因為全天候投資組合的重點不在於投資組合的配置比例，而是風險。因此，要打造全天候投資組合，你要看的是某個資產類別相對於經濟環境與價格之下的風險，這也正是價值型投資的著力點。完成評估之後，接下來你就可以建構投資組合，然後，一旦投資組合的某個部分風險太高或太低時，就要根據風險變化再平衡。記住，價值型投資認為的風險是虧本的可能性、而不是過去的波動性，這一點應有助於你做出適當的再平衡與投資組合配置。

在以下四種經濟情境，我嘗試針對所述的環境打造全天候投資組合。我只使用幾種資產類別，以更清楚說明這個概念。

情境1：經濟成長，通膨低於預期

這是本書寫作時的環境。如果看歐洲和日本過去幾年的發展，經濟是有成長，但乏善可陳，通膨則遠低於預期。至於美國，經濟成長率雖高一點，但也只高於2.1%而已，通膨則低於目標值2%。

這種環境下，最好的資產類別當然是股票。但我們處於這樣的狀況已有八年時間，資產價格早已上漲，而且不是因為經濟轉佳或是獲利有成長，完全是因為估值上漲。這麼一來，股票的風險就變得很高。而且我們知道，從歷史上來看，以目前的估值而言，未來十年的報酬率不會像我們在討論週期調整本益比時講到的數據那麼亮眼。

債券的風險也和股票類似，因此要考慮到萬一升息，分散的債券投資組合可能下跌25%甚至更高，不可排除這種可能性。

情境2：經濟成長，通膨上揚

新興市場的需求很可能刺激全球通膨大漲，不可忽略經濟成長且通膨上揚這種情境。面對這樣的環境時，最好

的辦法就是持有新興市場債券、或會發股利的股票，並搭配大宗商品。我喜歡大宗商品股票，因為這些能提供殖利率，而且大宗商品價格上漲時，大宗商品股票的獲利也會有不成比例的漲幅。

但這些資產的風險也很高，很可能隨隨便便就下跌50％。因此，很重要的是，配置到這些股票的部位比例要差不多。

情境3：經濟走緩，通膨水準低

在建構投資組合時，我們要自問：下一次再發生經濟衰退時，哪一種資產能有不錯的表現？答案很簡單：（美國）政府公債。

你想持有多少公債，要看你整體投資組合的風險報酬胃納量多高。假如你大致上來說是趨避風險的人，那要看的就是短期公債，因為這基本上無風險。然而，如果把25％的投資組合風險都配置到政府公債上，代表投資組合中其他資產類別只會占一小部分，因為全天候投資組合中股票的風險比重至少會占50％，而短期政府公債可能也有5％。

如果利率下跌，長期政府公債的漲幅會高一點。但同樣的，假如利率上漲，跌幅也會大一點。假設你想要持有的是二十年公債，我會說這種投資的風險報酬概況其實和股票很類似，在通貨膨脹與利率都上揚時，跌幅可能高達50％。但假如利率進一步下跌，漲幅或許也很高。然而，目前美國長期政府公債的殖利率達2.65％，已經算高了。

情境4：經濟走緩，通膨走揚

這種情境下的投資答案很簡單：黃金。如果各國的經濟在貨幣刺激政策下還是走緩，或者通膨居高不下，和黃金有關的資產就會飆漲。在這種情境下，就算看到每盎司金價漲到5,000美元以上，我都不會訝異。你認為5,000美元太過頭？別忘了，2001年時每盎司的金價才260美元。

但你要如何投資黃金？可有選項是，如果要趨避風險的話就投資實體黃金，大量配置到可提供流動性、並可再平衡的黃金ETF。假如你偏好承擔高一點風險，就投資金礦公司，或是比實體採礦公司風險低一點的黃金流公司（gold streaming）公司。（按：黃金流公司會和礦業公司簽訂協

議，由黃金流公司預付一筆資金，獲得在未來以低於市價的固定價格，購買礦業公司一定比例產量的權利。這可視為特許權使用費，歷史較短，僅在北美公司較常見。）

逆勢也能發威的關鍵

上述是我嘗試打造出的全天候投資組合。我認為，這是說明此概念最好的方法。我們要理解，全天候投資組合的重點在於管理風險，風險調整後的報酬長期下來會呈現比較平穩的模式。然而，好好評估如何將不同的資產類別納入投資組合、檢視目前的風險報酬概況，以及你要如何調整才能安穩入睡，在任何環境下也都能發揮很大的作用。另一方面，我在前例中只提到幾種實用的資產類別，但適當的全天候投資組合可能包含圖14-1提到的所有資產類別。

針對不同情境，我提到的四種資產類別，都可以提供可觀的報酬、但彼此又無相關性，因為其價格在不同的總體經濟環境中各有不同的模式。舉例來說，全球經濟衰退、通貨膨脹上揚時，黃金類股可能上漲、其他股票則會下跌。或者，在低通膨的情境中，股票表現很好，政府公

債也不錯，黃金卻不怎麼樣。但無論如何，如果你持有一家黃金流公司或是低成本金礦公司的股票，就算在這種環境下，還是可以收到一些股利。畢竟，經濟有週期循環性，適時再平衡，擬將能賺到額外的報酬。

全天候投資組合的重點，是要不斷再平衡。這表示，一旦投資組合裡哪個部分的風險比重超過整體的30％，你就要調整到25％。相反的，風險過低時，你也要反向操作。舉例來說，一旦股票整體的週期調整本益比低於10倍，歷史告訴我們十年平均報酬率約為10％，而且也不會有虧損的問題。因此，此時，股票的風險極低，你應該大舉調高投資組合的部位，並搭配高殖利率的政府公債。在這種環境下，金價可能極高，因此你要把投資組合的曝險部位賣掉，改買股票。

因時制宜的分散投資

在這一節，我要介紹我從研究巴菲特的投資活動當中得出的一個新概念。巴菲特是很好的研究案例，因為他做的是長線投資，直到現在仍不變。我們可以更精準地用他

自己的話來說：「我偏好的持有期是永遠。」以巴菲特長久以來的投資操作來說，最讓我震撼的部分是，他的做法和散戶投資人通常會得到的忠告相反。多數財務顧問會指出馬上就要分散投資，建議什麼都投資一點，以限縮風險。

遺憾的是，這種分散投資只限縮了你的上漲潛力，而不是下跌時的風險。這是因為，在利率高漲且經濟成長走緩的環境下，60％的股票加40％的債券配置表現非常糟糕。很重要的是，要知道經濟永遠都有週期性，因此，投資環境常常變化多端。我們的投資生命週期大約四十年（這也是平均的職涯期間），從事投資時必須記住這樣的週期循環特性。

就以巴菲特為例。1951年，他靠著蓋可保險公司賺到大部分的淨財富。1961年，他把35％的合夥事業資產投入桑柏恩地圖公司（Sanborn Map Company）。1964年，他在所謂的沙拉油醜聞（Salad Oil Scandal）之後，用40％的資產買進美國運通的股票（按：1963年美國爆發沙拉油醜聞，美國運通向當事公司貸放大量資金，因而蒙受重大損失）。1973年美股大跌時，他對華盛頓郵報公司下了重注。1976年到1996年，他又透過波克夏海瑟威投資蓋可

保險公司，買到完全掌控這家保險公司的所有權。1987年股市崩盤。1988年，他投資12億美元買進可口可樂，1990年則買進10％富國銀行（Wells Fargo）的股份。

隨著波克夏海瑟威日漸壯大，他的投資也不斷成長。在危機後的隔年、2010年，波克夏海瑟威用440億美元買進柏林頓北方鐵路公司（Burlington Northern），2015年用320億美元買進精密鑄件公司（Precision Castparts），同時也從事多項收購與買股活動。

這份極短的摘要讓我們知道分散投資的功效。而且，如果你在下跌期間低價買進這些資產，效果會更好。比方說，2010年買鐵路股，或是1964年買進美國運通。

因時制宜分散投資的益處是，你會在資產很便宜時買入，因此股利殖利率會比較高，會有現金裝滿你的荷包，讓你在其他資產也變得更便宜時出手買進。你無須在其他股票看起來比較便宜、或是出手時機更佳時轉換股票，因為你從原始投資的觀點來看目前持有的部位，殖利率仍然非常出色。

因時制宜的分散投資，讓你在整個投資的生命週期中可以適當地分散，不會因為要達成分散投資而支付過高的金額。我們就舉個簡單的例子，看看那斯達克指數。那斯

達克指數可以當成科技類股，作為分散投資的標的。但這個指數的波動幅度高於標普500指數，而且在經濟衰退時會暴跌，等到經濟成長期間又快速變成泡沫。

根據因時制宜分散投資的原理，如果你要用科技類股來分散你的投資組合，只有在經濟走跌時才可以這麼做。這個概念乍看之下很奇怪，也讓人摸不著頭緒，在相關訊息不斷、而且人們常常忘記經濟循環的環境下，更是難懂。但以美國來說，自1945年來，經濟從頂峰到下一個頂峰的循環時間為六十八‧五個月。這表示，在一般投資人平均四十年的投資生涯中，我們有可能要經歷七次經濟衰退。

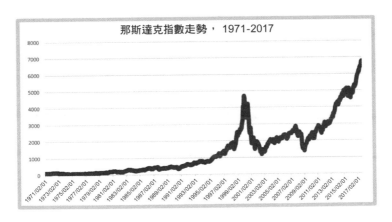

圖 14-2　那斯達克指數走勢
資料來源：作者的數據。

因時制宜的分散投資是一個全新的概念，沒有太多人去討論。然而，這是許多史上堪稱最偉大的投資人能成功的主要因素之一。要執行這套策略要有高度的紀律，在其他人逃離某個類股或某檔股票時要勇於投資，要有能不顧身邊喧鬧、仍堅守立場的人格特質。如果你非常清楚自己所投資以及所避開類股的長期展望，能精準知道某個類股或資產何時高於或低於長期均衡價值，就會比較容易一點。

　　因時制宜分散投資的另一個問題，是你在機會浮現時要有可用的現金。同樣的，這也指向要有紀律。

面對不確定的世界

　　但他們盲目地相信股市，以及自家退休金基金經理人的能力。為什麼這樣？因為他們認同人就應該這樣配置存款，因為「專家」告訴他們要這樣做。他們會懷疑自己的理性，但是沒有片刻懷疑過自己在股票市場裡自動買進的行為。

——塔雷伯

我要用我自己的小故事作為這一節的開場白，這非常適合用來講下面的概念。我一位朋友不久前（2017年）才剛以240萬英鎊，把位在倫敦中部的房子賣掉了，這在倫敦算是平均的價位。但重點是，1996年時他只用了16萬英鎊就買下這棟房子。二十年間，他在倫敦的房產漲了15倍。

　　我要舉另一個例子，是《華爾街日報》最近一篇文章提到的資訊：紐約公園大道有一戶頂樓房以1,800萬美元賣出。有趣的是，這棟房子已經空了二十七年。房子的業主是前南斯拉夫共和國（Republic of Yugoslavia），因此我們得以知道1975年時的房價：當時他們以10萬美元購入。歷經四十年，這棟紐約的房子漲了180倍。同樣的，美國股市在過去三十五年來漲了約25倍。

　　這些都是很重要的事，值得深思，因為，在這個瞬息萬變的世界裡，你一定要有新的投資心態，才能賺到這麼高的報酬。有趣的是，彼時在紐約或是倫敦買房子，或是1982年、在本益比低於10倍時買股票，看來都是風險非常低的事。

極端世界與平庸世界

　　塔雷伯在其著作《黑天鵝效應》中，闡述這個世界永遠都偏向極端，他引進了極端世界與平庸世界的概念。這對投資人來說很重要，因為我們在做分析時，使用的數據是平均值。但這些用來計算投資組合風險、預期報酬等等的平均值都是由極端的資料所組成，比方說倫敦或紐約的房價，再加上很多地方幾乎持平、甚至低於通貨膨脹水準的價格，才顯現出一切都穩定變化的表象。

　　但事實遠比平均的統計數據告訴我們的更複雜。以美國房價指數來看，自1975年來「僅」上漲7倍，而非如之前所講的，像紐約房價這樣漲了180倍。同樣的，英國房價過去二十年來平均漲了3.5倍，不像倫敦的房子漲了16倍。

　　這證明了投資的自我定位非常重要，這樣你才有機會在未來二十年賺到極高的報酬，把平均報酬留給一般投資人，並把低於平均的報酬率留給只買當時流行資產的人。

　　塔雷伯總結，在極端世界裡做投資時，使用平均數來衡量一切是錯的，因為上漲和下跌都會讓平均數的內涵變得駁雜，很多事會超乎我們預作的準備。因此，如果我們

身在極端世界、卻使用平庸世界裡的分析工具來做預測、從事風險管理等等，很可能要面對極大的意外。有些意外是驚喜，有些意外是驚嚇，但是造成的效果很可能都超過我們準備的範疇。

現在，讓我們來定義何謂極端投資，好讓投資組合中出現的意外盡可能是驚喜。

創造高額報酬的極端投資

（這部分寫於2017年年底，有很多資訊來自這段期間。當你讀到這裡時，情況可能大不相同，但這也說明了一個重點：世事確實多變化。因此，請將以下的內容視為學習的經驗。）

極端投資的共同點，就是供給有限和預期會很穩定。

以供給有限來說，比如，你無法大量提高紐約頂樓公寓、或是倫敦市中心舒適的維多利亞風格房屋的數量。說起來，我們要找的投資標的，是供不應求、而且供給相對固定的項目。

由於全球目前實施寬鬆的貨幣政策，我們可以預期貨幣供給量將持續增加。這樣一來，如我們在本節一開始提

到的價格大漲，未來非常可能再度出現。

至於預期會很穩定，此時沒有人會認為標普 500 會跌50％甚至更多，因此買進價外賣權，就是有機會創造出高額報酬的極端投資。

避開驚嚇，尋找極端潛力

目前債券的前景風險極高，尤其是，我們看到通貨膨脹上揚會導致升息。事實上，很多人在檢視債券的風險時，是以過去三十五年的狀況為出發點（這段期間利率一路下調），這也使得債券很容易成為讓人驚嚇的標的。如果我們認為，由於全球央行不再控制貨幣供給、或是人民對貨幣失去信心，利率會忽然間攀升至 10％，就有可能看到快速升息以及隨之而來的債券市場黯淡無光。因此，債券市場在未來十年絕對會是讓人驚嚇的投資。

如果我們認為，類似 1950 年到 1982 年時利率不斷上漲的情況會再度出現，問題會更加嚴重。請記住，99.9％的投資人會使用近期的穩定模型來計算債券風險，只有0.01％的人才會去看過去幾季以前的事。

價值型投資人常可找到具有極端潛力的划算標的。畢

竟，這個世界變動速度快，重點是要能辨識出這類標的、並善加利用。請記住，2001年時金價每盎司不到300美元，當時沒有人想到會漲破1,000美元，喊出這個價格的人是眾人眼中的瘋子。2011年，每盎司金價已經突破1,800美元。談到極端環境時，黃金也是一項討論重點。

無懼崩跌「金」有力

> 如果你不持有黃金……除了你不懂歷史或是不了解黃金的經濟動態之外，沒有其他合理的理由……
>
> ——達利歐

我的目標不在於深入探討黃金這種投資標的，只是要提到黃金是一種價值型避險工具，為你提供一些思考素材。我的理論是，把一部分投資組合配置到金礦公司上，你不用承擔太多風險（因為你可能損失的就是這些而已），就可以避開所有可能出現的風險。

假設下一次的經濟衰退情境，是聯準會推行負利率並搭配幾輪量化寬鬆，標普500指數下跌50%，甚至更高。

在這種經濟與市場情境中，看到金價漲到每盎司2,500美元甚至更高，我也不會訝異。這時，很多金礦公司的獲利會大增，股價至少漲10倍。因此，將投資組合中小小的5％配置到金礦公司，或許能在標普500指數大跌50％時提供保護，投資組合中這5％金礦股的獲利就足以彌補虧損。

現在，你可能會自問，如果金礦股上漲10倍、而標普500下跌50％，那為何不把所有資金都投入金礦股？但事情沒這麼簡單。畢竟，沒人知道未來會如何，更沒人知道什麼時候會發生什麼事。很重要的是，要用不同的情境去思考，並根據能以最低風險創造最高報酬的原則，來建構投資組合。且讓我們來看看兩種最可能的黃金發展情境。

#1：金價上看5,000美元、甚至2萬美元

現在如果有人說金價會漲到2萬美元，多數人會假設那不過又是另外一個失心瘋的名嘴罷了。但這個想法其實沒這麼瘋狂。如果檢視金價過去的走勢，可以明顯看出以1999年的眼光來看，現在每盎司1,338美元是完全瘋掉的

價位。

從1968年到1980年，金價漲了超過15倍。同樣的，從2000年到2012年，金價漲了7倍。1970年代，金價會漲是因為高通膨。2000年代，上漲則是因為利率下滑、量化寬鬆與金融動盪。

現在，想像一下，下一次美國與其他已開發經濟體發生經濟衰退時，情況將如何。每一個經濟體都有週期循環，但大部分的市場參與者常常忘了這種特性，繼續開開心心地將標普500推往新高點。

我們已經知道，聯準會、歐洲央行和日本央行都會竭盡全力為系統提供流動性，以延緩不管是經濟還是其他的下跌，就像他們過去十年所採取的行動那樣。但這些做法只會讓下一次的危機更嚴重而已。因為，在某個時間點，人民會對貨幣與央行失去信心。一旦發生這種事，新的量化寬鬆方案與低利率就會引發通貨膨脹，企業虧損與違約將導致金融動盪、甚至政治混亂，就算看到金價像1970年代那樣漲15倍，我也不會訝異。把現在的金價（每盎司1,338美元）乘上15，就得到每盎司2萬70美元。

現在，我深信我們未來某個時間點一定會看到金價站上2萬美元。這是因為隨著經濟成長持續走緩，而且沒有

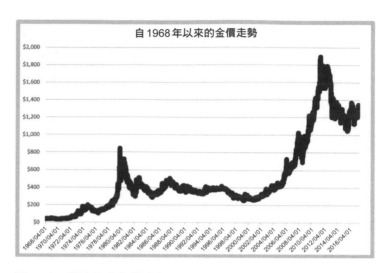

圖14-3 過去五十年的金價
資料來源：聯準會。

任何信號指向經濟未來會更快速成長，已開發國家需要更高的通貨膨脹才能結清債務。然而，我僅會配置一小部分到金礦公司，因為我不知道上述情境何時會出現。如果金價跌落到800、甚至600美元，我需要有一些再平衡的空間。假如我把50%的投資組合都放在金礦公司，那就沒辦法了。現在，我們要來討論第二種情境：金價跌破1,000美元。

#2：金價低於 1,000 美元

如果全球經濟（尤其是已開發市場）持續以現在的腳步長期成長，各國央行有辦法調高利率、縮減資產負債表，同時控制通貨膨脹。那麼，金價低於每盎司 1,000 美元也不會讓我意外，至少短期如此。然而，一旦金價跌落 1,000 美元，很多金礦公司將無利可圖，甚至會破產。

金價絕大部分由投資氣氛而定、而非供需動態，我們不能說每盎司 1,000 美元（這會讓九成的金礦公司無利可圖）就是金價的底部。因此，必須預留下跌空間，而這大大影響了投資組合。

決定比例，按表配置

如果未來十年金價漲到 2 萬美元，那麼，任何和黃金相關的投資都會像是樂透頭彩一樣。但我們不知道金價要花多久時間才會來到這個水準、以及來到這個水準之前會不會先跌到 600 美元。因此，你一定要好好想一想，你配置到黃金上的投資組合比例。

最簡單的做法是設固定的比例，然後據此再平衡，直

到發生大事，像是經濟衰退。到那時，你可能會想要從黃金上面大賺一筆。

把5％的投資組合配置到黃金上，你可以保護自己，抵禦因為前所未見的貨幣寬鬆政策、低利率，再加上低經濟成長率導致的金融動盪。如果你可以承受波動，我一定會建議你去買金礦公司。不過假如你希望穩定一點，那就投資實體黃金，它也能有效提供保障，限縮你資產下跌的幅度，但相對的，漲幅也有限。為了確保流動性、並能輕鬆再平衡，黃金ETF也是個不錯的主意。

所以說，黃金和金礦公司都是你可能損失九成、但也可能賺到10倍、20倍甚至50倍本金的投資。而且，你也可以順便針對經濟動盪與寬鬆貨幣政策避險。這是風險報酬組合還不錯的投資，對吧？

接著，價值型投資人可以檢視黃金的價值，即那些還在地底下的黃金儲量。因為金價上漲時，這些儲量就變得很有價值，但現在很可能被折算為零。一如往常，價值投資可以幫忙挑出有趣的投資機會，以低成本提供價值與契機。

每個人都應該投資的理由

　　我想用我個人的故事為本書作結，談一談投資在我的人生中有何意義。高中時我讀的是有點像預科高中的文理中學（gymnasium），完全不教經濟學。幸運的是，我在差不多十八歲時（2001年）讀到一本關於投資的書，那是羅勃特・清崎（Robert T. Kiyosaki）寫的《富爸爸，窮爸爸》（*Rich Dad Poor Dad*），作者在書中解釋他如何用5美元投資，之後以10美元賣掉一檔股票。十八歲的我大感興趣，開始去看股票這件事。我學到愈多之後，發現股票確實是在上漲，而且，就像巴菲特說的，本益比愈低的投資報酬率愈高。

　　因此，十九歲時（2002年，真是讓人料想不到的好運），我買進了人生中第一批股票，一檔是賣水壺的公司，本益比為6倍。另一檔是愛立信（Ericson）的子公司，這是一家通訊設備供應商　，本益比為3倍。由於流動

性極低以及有下市風險，這兩家公司的估值都很低，但還好我都不知道有這些問題，就投資下去了。我根本不明白自己是遵從巴菲特的建議，在投資之後就當成股市要封關十年。

我買進的投資漲了5倍，等我二十三歲時（2006年），以我的年紀來說我算很富有，我買了一艘船，在地中海享受潛水，完成我的經濟學教育，整整兩年都沒再投資。2008年，我又開始在紐約證交所投資，我虧了一點錢，但是並未阻礙我在2009年到2012年之間，買進所有我能買的標的。我買得最多的是一檔支付10％股利的克羅埃西亞專營露營度假公司的股票，這家公司透過一條新建的高速公路和歐洲其他地方相連。不用說，這檔投資又漲了5倍，讓我付清了攻讀博士的費用並搬到倫敦，還幫我在彭博找到一份工作，後來我又在阿姆斯特丹的應用科學大學（University of Applied Sciences）謀得教職，教國際財務會計學。

在學術這方面，身為老師，我希望能有所成長，因此把這個目標當成我人生的下一步。我設計出用於新興市場的真實價值風險估計模型，以此取得博士學位。你可以在網路上鍵入「SSRN Sven Carlin」搜尋到論文摘要。總而

言之，這篇論文說的就是價值型投資有用，不僅能創造更高的長期報酬，也能壓低投資風險。

我也虧過兩次，一次是在2008年的金融危機期間，另一次是2010年投資航運業失利。兩次的損失都約50%，但靠著其他投資的高額報酬補回來了。這也正是我認為每個人都應該投資的理由：你最多就是投資的本金全部虧掉，但是能賺到的報酬無限。

我希望你喜歡這本書，但願本書能降低你的財務風險並提高報酬，為你的投資以及你的人生增添價值。

當代價值投資

作　　　者　斯凡‧卡林（Sven Carlin）
譯　　　者　吳書榆
主　　　編　呂佳昀

總 編 輯　李映慧
執 行 長　陳旭華（steve@bookrep.com.tw）

社　　　長　郭重興
發行人兼
出版總監　曾大福
出　　版　大牌出版 / 遠足文化事業股份有限公司
發　　行　遠足文化事業股份有限公司
地　　址　23141 新北市新店區民權路 108-2 號 9 樓
電　　話　+886-2-2218-1417
傳　　真　+886-2-8667-1851

印務協理　江域平
封面設計　陳文德
排　　版　新鑫電腦排版工作室
印　　製　成陽印刷股份有限公司
法律顧問　華洋法律事務所　蘇文生律師

定　　價　450 元
初　　版　2022 年 9 月
有著作權　侵害必究（缺頁或破損請寄回更換）
本書僅代表作者言論，不代表本公司／出版集團之立場與意見

電子書 E-ISBN
ISBN：9786267102978（EPUB）
ISBN：9786267102961（PDF）

國家圖書館出版品預行編目資料

當代價值投資 / 斯凡‧卡林 (Sven Carlin) 作；吳書榆 譯 . -- 初版 . --
　　新北市：大牌出版；遠足文化事業股份有限公司發行, 2022.09
　　　面；　公分
　　譯自：Modern value investing : 25 tools to invest with a margin of safety in today's
　　　financial environment
　　ISBN 978-626-7102-98-5（平裝）
　　1.CST: 投資分析　2.CST: 投資技術
563.53　　　　　　　　　　　　　　　　　　　111012160